Herstellung und Verlag:
BoD - Books on Demand, Norderstedt
ISBN 978-3-7322-8878-6

Servus Andre`,

wenn ich dein Buch lese fühle ich mich jedes Mal in eine andere Welt versetzt. Die Art und Weise wie du gewisse Erlebnisse niederschreibst sind zum Teil witzig, aber auch sehr nachdenklich geschrieben. Ich bin sehr nachdenklich geworden. Du hast ja an meinem Umfeld gesehen was mein Leben ausmacht.

Wie du Dinge siehst und erlebst, lässt auf eine große Bandbreite an Erfahrung schließen. Dazu dein unerschütterlicher Glaube an das Leben und die Liebe.....Chapeau

Ja ich habe wieder Etwas Entscheidendes gelernt.......Nur mit dem Herzen sieht man gut...der kleine Prinz hatte sosehr Recht.

Ich glaube nicht, dass ich diese Kraft hätte, wie du das Leben und die Umstände zu meistern.(Schwiegermutter !)

Ich wünsche dir weiterhin viel Elan, Kraft und heute einen erfolgreichen Tag.

Liebe Grüße
Renate

- [Franziska Hiden](#), [Regina Christian](#) und [Mia Heresch](#) gefällt das.

- [Ina Rast](#), [Julian Heresch](#), [Claudia Heresch-jury](#) und [4 anderen](#) gefällt das.

-

  [Regina Christian](#) Wünscht du dir gerade, so jung und unbeschwert zu sein?

-

  [Elisabeth Sissy](#) IN DER STEIERMARK???

-

- [Andre Heresch](#) vielleicht, lieber Christian! DENN: "....die Seele ist ein weites Land!", wie mein Dichterfreund Artur einmal gesagt hat

-

- [Andre Heresch](#) nein, nicht in der Steiermark wurde dieses Photo aufgenommen, sondern an meinem Geburtsort: Bagdad!

BENEDICAT

[Pfarre Stainz](#)

30. Dezember 2013

Wir wünschen Euch Allen ein gesegnetes, gesundes und erfolgreiches Jahr 2014!!

CHRISTUS VOS BENEDICAT!!!!!!!

Gefällt mir · · Teilen

VOM AUSSTERBEN BEDROHT ??

-

    [Andre Heresch](#)

    die wahren Helden scheinen leider auszusterben; SIE und ihr Bruder waren welche!!

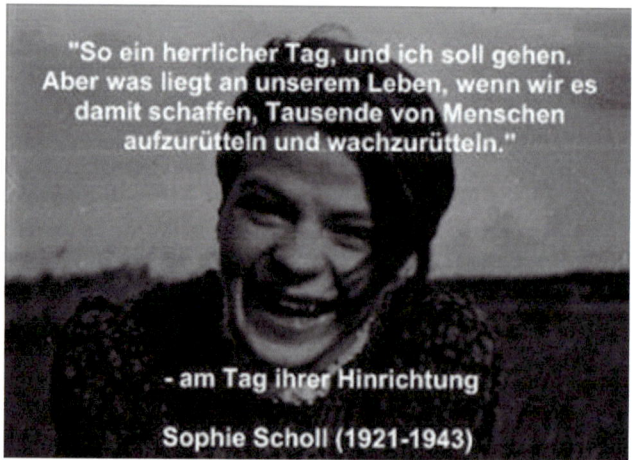

GESCHWISTER SCHOLL

eine unendlich beeindruckende Geschichte, diese Geschichte der beiden Nationalhelden. Ein Geschwisterpaar, das für seine Überzeugung gestorben ist und - fast Jan Pallach gleich - mit ihrem Tod ein Mahnmal für alle Unterdrückten, der Stimme und Meinung Beraubten, (willfährigen?!) Opfer einer Diktatur, gesetzt hatten.

SIE hatten die schlimmen Zeichen ihrer Zeit erkannt, und fast schon visionär versucht, gegen etwas anzukämpfen, das zumindest himmelschreiend ungerecht war; das Unrecht in einem Unrechtstaat bekämpfend: ein Absurdum, eine Ironie, gar Idiotie?

Nein: ein Zeichen absoluter Überzeugtheit, ein Mahnmal für die Gerechtigkeit, ein Fanal für die Masse der stumm gebliebenen Nazideutschen.

Dabei wollten sie nur Eines: Ihre Mitmenschen davon überzeugen, einem Unrecht ein Ende zu setzen, sinnloses Leiden zu beenden, Wahnsinn in Form von Rassenhass zu stoppen, den „Herrenmenschen" Einhalt zu gebieten. Um schließlich genau DAS zu verhindern, das dann später passierte: Deutschland zur Unnation der Welt werden zu lassen....

Aber: Was war eigentlich ihre Tat? Ihr, wie es damals hieß: „Hochverrat", für den sie mit ihrem Leben bezahlen mussten?

Sie hatten in Flugblattaktionen auf die Greueltaten des Naziregimes hingewiesen; aufgezeigt, dass es zu Deportationen

Unschuldiger kam, Psychiatriepatienten ermordet wurden, da sie für „lebensunwert" gehalten wurden…..

Schließlich hatte der Bruder des Geschwisterpaares, der einen Fronteinsatz als Lazarettarzt erlebte, auf das sinnlose Gemetzel an der Ostfront und auf den, von ihm schon damals (1943) verloren geglaubten Krieg hingewiesen und dessen sofortige Beendigung, wie die Absetzung der damaligen Machthaber gefordert.

Wie wir heute wissen: Tatsachen festgestellt und in visionärer weise genau DAS gefordert, das in nur zwei weiteren Jahren Millionen Menschen das Leben kosten sollte…

Zweifelsfrei ein leuchtendes Vorbild und Beispiel dafür, dass offensichtlich doch Menschen, die es wissen wollten, ganz genau gewusst haben, was Sache war: Dass nämlich die Juden nicht einfach nur „verreist" waren, geistig Behinderte nicht einfach nur einen schöne Fahrt mit dem Bus machten, sondern auf dieser „Himmelfahrt" grausam erstickt wurden u.s.w, u.s.w

Bleibt natürlich nur eine Frage offen: waren DIE BEIDEN Einzelerscheinungen, oder hatten die Geschwister Scholl zumindest Sympathisanten im Geiste, die zumindest ähnlich dachten, wenn sie sich schon nicht trauten, ihr Maul aufzumachen, geschweige denn, für ihre Überzeugung zu kämpfen?!

Die Novemberpogrome waren der Anfang, am Ende
waren meine vier Großeltern tot:

Kadisch für meine Großeltern

Wie ward ihr?
Wer ward ihr?
Warum durfte ich euch nicht kennen?
Was habt ihr gesehen,
als sie euch hinaus stießen
aus dem Viehwaggon?
Die breite Chaussee?
Den Wald?
Die Männer mit den Hunden?
Die Gewehre?
Die hämischen Gesichter?
Haben sie euch getrennt?
Haben sie euch vorwärts gestoßen?
Haben sie euch gezwungen,
euch auszuziehen,
in aller Öffentlichkeit?
Haben sie euch die letzte Würde genommen?
Sie haben euch die letzte Würde genommen!
Sie haben euch einen unwürdigen Tod
angetan.
An einem unwürdigen Ort
in Kälte, Fremde, Einsamkeit.
Keiner war da
der mitgefühlt hätte!
Habt ihr euch noch angesehen?
Habt ihr im letzten Moment

doch noch Nähe zueinander empfunden?
Habt ihr Angst gefühlt, Entsetzen?
Jenes Entsetzen, das mich schüttelt,
wenn ich an Euch denke?
Nackt in diesem abweisenden Wald,
in der Kälte vor dem Graben,
in dem vielleicht schon die Leichen
jener lagen,
die sie vor euch ermordet hatten?
Ich stehe vor einem Monument
auf dem ihr nicht erwähnt werdet.
Ich stehe vor einem Monument,
das euch zu anonymen Zahlen
ohne Namen und Geschichte macht.
Ich gehe durch einen Park,
in dem Bierflaschen herumliegen.
Auf Wegen, voller Zigarettenstummel.
Ich gehe durch diesen Park
der ein Grab ist.
Euer Grab,
auf das ich doch keinen Stein legen kann.

-

  [Andre Heresch](#) furchtbar, erschütternd, unglaublich, unvorstellbar, welches Leid hier zugefügt wurde!!

BIERBAUMTOMATEN

B.M.

Die größte private Thermalbohrung in Österreich für die geplante "Frutura Gemüsewelt" läuft derzeit auf Hochtouren in der Nähe der Gemeinde Bad Blumau! - Wir sind schon auf über 500 m Tiefe... Insgesamt wird 3.600 m tief gebohrt werden, um heißes Wasser zu finden...

---

in der Nähe von B.G.

- 5 P. gefällt das.
-

Andre Heresch und, wie läuft´s? seid Ihr im Zeitplan??

B.M. : Momentan schon... :-))

M.G.; St.Lambrecht ist ein heißes Eisen, glaubst du dass es auch heißes Wasser gäbe, wenn man tiefergründig bohrt ?Liebe Grüße.......

H.S-M Bertram you should visit Texas sometimes!

CHRIS SAGT DANKE

R.C.

- Es gibt Zeiten im Leben, da meint man, wie auf Flügeln durchs Leben zu schweben. Nein, nicht überheblich, sondern man lebt im Moment, voller Vertrauen und es geht einfach alles gut von der Hand. Doch dann holt es einen ein. Alles, aber wirklich alles, kann in einer Sekunde vorbei sein. Nicht, weil die Entlaibung erfolgte, nein, viel schlimmer. Alles wofür du gelebt hast, ist einfach weg und du musst weiterleben. Gott spielt mit dir wie eine Katze mit einer Maus. Mit der gleichen Grausamkeit. Aber im Unterschied zur Maus, die dieses Spiel mit der Gewissheit des Ausgangs, ihres Todes, ertragen kann, ==muss man selbst, unter Ausschließung einer gezielten Bilanzselbsttötung, weiterleben.== Und als Sahnehäubchen wird, so zumindest mein Empfinden, von Gott auch noch erwartet, dass man in Liebe und Vertrauen an ihn glaubt, während er dich gerade wild durchbeutelt und die Krallen tief ins Fleisch stößt. Aber gerade nur so viel, dass es fürchterlich wehtut, aber man definitiv nicht zugrunde geht. Und dieser Schmerz lässt einen zweifeln, raubt einen fast den Glauben an einen guten Gott.
Und das persönliche Umfeld klärt sich. Sogenannte gute Freunde bekommen plötzlich panische Ängste, sie könnten sich mit einer fürchterlichen und unsichtbaren Krankheit infizieren, welche einem die gesamte Existenz raubt.

Aber, wirklich aber, Gott verlässt dich doch nicht! In dieser total klärenden Situation, in der man selbst ob der seelischen Schmerzen jede nur erdenkliche Maske fallen lässt und ganz man selbst ist, tauchen sie auf, diese ganz besonderen Menschen. Manche nennen sie Engel, vielleicht sind sie es auch (in gewissem Sinn jedenfalls); ich für meinen Teil hinterfrage es nicht. Ich bin einfach dankbar für ihre Existenz. Diese Menschen geben allein durch ihr Sein genau die Kraft, die man gerade so braucht. Nein, keine tausendmal gegebenen besserwisserische Ratschläge (die sowieso nicht helfen), sondern einfach ein liebevoller Blick, eine ernstgemeinte wortlose Umarmung, ein paar Worte des Trostes oder auch einfach ein gemeinsamer Abend, bei dem nicht Probleme gewälzt werden. Menschen, die verstehen, die wirklich fühlen, wie es einem geht und genau deswegen einfach nur da sind.
Nein, ==aus meinem tiefen Loch herausgerissen haben sie mich nicht==. Dass braucht es auch gar nicht. Aber herausgerissen aus einem erfüllten, stabilen und glücklich machenden Umfeld bleibt, so zumindest bei mir, erstmals nur eins: ==Angst! Angst vor dem Leben, jeder Sekunde des Lebens==. Und diese Menschen, R....., A....,M......, D..... und S....., sind wie Inseln in diesem sturmgepeitschten Meer, dass sich mein Leben nennt. Sie sind Zonen der Ruhe, ==auch wenn der Sturm über sie selbst hinwegfegt==. Auf ihrem festen Boden kann man ruhen, Kraft schöpfen und sich ein Stück weit ==auf die nächste Angriffswelle vorbereiten==.
Und sie waren einfach da. Nicht, weil ich verzweifelt

ihre Nähe gesucht hätte. Nein, einfach da, oft auf skurrile und teilweise unverständliche Art und weise. Wie A....; wir hatten uns jahrelang aus den Augen verloren. Und auf einmal war er da, man könnte fast sagen, mit Brachialgewalt (im positiven Sinn). Fast symbolhaft ist er wieder in mein Leben eingebrochen und begleitet mich intensiv. Oft über tausend Kilometer hinweg..
Oder S....., "schon immer da", aber auf eine feinfühlige Art, die keiner Nähe oder Worte bedarf. Einfach da und doch unersetzbar. Ich habe ihr vor kurzem erst für die Worte gedankt, die nie gesprochen wurden und die ich doch gehört habe. Für die Umarmungen, die es nie gegeben hat und die ich doch fühlte....Ganz anders als M......, der mich anrief, um mit mir über was ganz anderes zu reden und mich dann mehrere Stunden, größtenteils wortlos begleitete, als es mir am dreckigsten ging und ich tatsächlich eine Bilanz zog, ob sich dass Leben für mich noch lohne.
Jeder auf seine Art und für mich unersetzlich. Warum ich das alles schreibe? Weil ich einfach auf diesem Weg danke sagen möchte. Weil ich diesen Menschen, egal ob man sie als Freund, Engel oder was auch immer tituliert, für ihr Vertrauen, ihre gegebene Zeit und in gewisser Form auch liebe danken MUSS. Denn ohne sie würde ich nicht so optimistisch am leben sein; wenn ich überhaupt noch am Leben wäre, denn ich hatte mich bereits aufgegeben.
Danke, dass es euch gibt!
Und all unsere fb-Begleiter sollen wissen, dass es solche Menschen wie euch gibt. Vertraut in Gott und

lasst zu, dass diese Menschen für euch da sind, wenn ihr es am dringendsten braucht. Ich weiß jetzt, dass es sie gibt!

Christian

o

Andre Heresch aber gerne doch, Chris! ich hab´einmal darüber geschrieben, dass es keine absoluten Zufälle gibt, und freue mich, dass es nicht nur in der Astrophysik Zustimmung dazu gibt, denn Einstein hatte DOCH unrecht, als er behauptete: "....da MUSZ Gott gewürfelt haben"!

-
- [Andre Heresch](#) noch eins: Danke für Dein Danke! DAS rinnt ganz ganz warm den Buckel runter!!
-
- [Claudia Heresch-jury](#) diese Schilderungen erinnern mich sehr an meine eigenen lebenseinschneidenden Erfahrungen - leider an sehr negative - Erwin Ringel beschrieb solche Gedanken als ==präsuizidales Syndrom==...und bei mir hat sich das dann leider auch bewahrheitet...umso wichtiger ist es aus meiner Sicht, dass du/ihr an unserem Treffen in Berlin im März fest hältst....wenn gewünscht können wir unser Treffen auch vorverlegen

DAS LEBEN IN ZWEI WELTEN
Heresch
vor 6 Stunden ·

- Das Leben in zwei Welten: bist du noch hier, oder schon dort

  Das Leben in zwei Welten, das du momentan führst, kann ganz fürchterlich schön sein. Für dich; für dein Umfeld, dein familiäres Umfeld ist es die pure Hölle. Du sagst A und lebst B, oder versuchst es zumindest, kommst damit aber selber nicht, oder nur teilweise klar. Es ist ein gefährliches Spiel, sich in seine Scheinwelt zurückzuziehen, denn sie hat immer wieder einen Reibungspunkt, oder besser: eine Reibungsfläche. Jenen Bereich nämlich, wo die beiden Welten aufeinander treffen, an einander zu reiben beginnen. Natürlich ist das Argument nicht unrichtig, dass das in der Natur ebenso abläuft: wenn auf der Erde die Erdspalten sich zu bewegen beginnen, durch einen inneren Aufbruch angetrieben, kommt es meist zu großen Naturkatastrophen, wie Erdbeben, Flutwellen und Ähnlichem. Der Erde, als ganzes gesehen, tut es gut, denn: nur so kann sich die in ihrem inneren schwelende Urgewalt ein wenig entspannen. Aber: wie ist es bei dir? Hilft dir das, oder treibt dich das, immer mehr, in den totalen Wahnsinn? Brauchst du die Eruptionen, so quasi als Ziel einer (un)gezielten Entspannung? Bringt dir das Erleichterung? Kannst du damit friedvoll umgehen? Oder: willst du das vielleicht gar nicht, kannst es selbst nicht steuern, bist – wie dein Freund Niki

Lauda es formuliert hat – nur Passagier in einem unsteuerbaren Fahrzeug, das dein zweites Ich, dein Körper, oder sonst etwas ist, das dich lenkt und leitet? Über dich tatsächlich bestimmt!?

Ich lebe gerne in zwei, oder mehreren Welten. Die eine ist die Berufswelt. Eine Welt, die du amüsanterweise für dich, nur ganz kurz in deinem Leben (aus)gekostet hast. Da haben dir die wirklich wenigen Eindrücke vollständig und zurecht gereicht. Bei deinen deutschen Freunden, die, was das anbelangt, sicher unerbittlich und unerträglich sind. Auch bei uns sind Sitte und Moral im Geschäftsleben ein wenig abhanden gekommen, oder mitunter stark versteckt. Nur mehr wenige Menschen gibt s mit Handschlagqualität, so wie ich es schätze. Zum Glück sind viele davon meine Kunden; ich glaube sie wären´s nicht, wenn nicht auch ich dafür stehen würde. Die mitunter leidigen Erlebnisse suche ich zu missen, oder mit Rückzug in angenehmere Gefilde auszugleichen. Da gibt es mehrere Ventile, die dem äußerlichen Betrachter vielleicht wie das eintreten in andere Welten erscheinen. Ein Gespräch, oder das Zusammensein mit Menschen, die ich gerne um mich schare: Die Familie: Frau, Kind, Kinder; dann: die Musik – auch ein zeitlich begrenzter – Ausflug in eine andere Welt, vielleicht auch Jahrhunderte zurück, in eine „heile" Welt?; dann: die Lauferei. Sicher ein Rückzug in das „runners high", eine Art Drogenkonsum mit ausschließlich positiven Folgen; und dann, erst dann die Phantasie, oder der zugegebenerweise Selbstirrtum, das die Welt des Geldes glücklich macht, weil man sich bestimmte Freuden kaufen kann. Das sind dann natürlich auch nur Ablenkungen auf Zeit, aber sehr schön lebenserleichternde. Ist denn nicht eine Reise auch nur eine Kurzzeitimagination, zu der man übrigens wieder das ach soo überflüssige und unnötige Geld benötigt, denn: „ohne Geld ka Musi!" usw. usw.usw.

- H.O. und C.S. gefällt das.
-

  Regina Christian Gefällt mir sehr - darf ich dazu einmal eine Erwiderung schreiben? LG (auch von Regina) an euch beide, sri drei!

-

  Andre Heresch aber gerne doch!

  Astrid Maierhofer Die Scheinwelt ist ein Konstrukt des Stammhirns/Ego; und dient ausschließlich der Abwendung der vermeintlichen Bedrohung/Vernichtung des selbigen. Die Seele geht andere Wege zur Erleuchtung

DER KNECHT DES WAGENS – schon wieder

S. hat das kommentiert.

S.D.:
Schön langsam werde ich immer mehr zu einem Fan von Sahra.

[Was für ein Europa wollen Sie, Frau Wagenknecht?
tagesspiegel.de
Im Tagesspiegel-Interview](#)

-
- A.S. und 9 Anderen gefällt das.
-

R.H. ... was mehr daran liegt, dass die anderen immer mehr zu Popolöchern werden....

P.M. : Sie ist eine der Besten bei den Linken. Auch wenn man nicht alles zustimmen kann.

A.S.: Paul, diese Worte..... finde ich gut ..

[Andre Heresch](#) freut mich zu lesen, dass Frau Wagenknecht nun mildere Töne anzustimmen gewillt ist, und von ihren ursprünglich marxistisch-leninistischen Doktrinen abzuschwören beginnt (?). Wie hieß es da früher so schön: "Die Botschaft hör´ ich wohl, allein mir fehlt der Glaube!"

Wagenknecht: **Was für ein Europa wollen Sie, Frau Wagenknecht?**

26.01.2014 16:08 UhrVon Sahra Wagenknecht

Die Flaggen der EU-Mitgliedstaaten. - Foto: Imago

Im Tagesspiegel-Interview "Die EU ist ein Hebel zur Zerstörung der Demokratie" hat die Vize-Vorsitzende der Linken die Europäische Union heftig kritisiert. Jetzt antwortet Wagenknecht unserem Leser, was sich aus ihrer Sicht ändern muss - und warum sie trotzdem für mehr Europa ist.

Unser Leser Thomas Isensee schrieb im Bezug auf das Interview: „Die EU ist ein Hebel zur Zerstörung der Demokratie" mit Sahra Wagenknecht:

Der reißerische Titel unterstellt Sahra Wagenknecht eine europafeindliche Einstellung, die von den Interviewern reflexhaft mit Nationalismus verknüpft wird. Dabei muss man nicht in der Linkspartei sein, um ein Demokratiedefizit bei der EU festzustellen. Das findet sich in jedem anständigen Text für den Schul-

unterricht. Und wie soll man militärische Aufrüstung ohne demokratische Kontrolle anders benennen als mit dem Begriff militaristisch? Was stört, ist vielmehr, dass Wagenknecht zwar Inhalte für ein verändertes Europa benennt, aber keine Alternativen zu einer Demokratisierung der europäischen Strukturen benennt.

Und die Fragesteller haken dabei auch nicht nach. Dabei ist das doch der Schlüssel für die Durchsetzung einer anderen Wirtschafts- und Sozialpolitik, die die Interessen der Mehrheit aufnimmt. Nur Großbanken und Industrie brauchen keine Demokratie: Die haben ihre gut ausgestatteten Lobbyapparate in Brüssel und gut in der Kommission vernetzte Mitarbeiter. Alle anderen brauchen sie aber!

Darauf antwortet nun die Vize-Vorsitzende der Linken, Sahra Wagenknecht:

Die Europäische Union (EU) hat ein Problem mit Demokratie: In Griechenland und Italien übernahmen zeitweise nicht gewählte, ehemalige Topbanker die Regierungsgeschäfte. Die Parlamente durften in der Euro-Krise Bankenrettungen nur noch abnicken, um das „Vertrauen der Finanzmärkte" zu gewinnen. Der Europäische Gerichtshof (EuGH) griff die Mitbestimmung der Arbeitnehmer bei Volkswagen, die Tariftreue bei öffentlichen Aufträgen oder das Streikrecht an. Und selbst Europaabgeordnete kennen die Details der Verhandlungen der EU-Kommission über das Freihandelsabkommen mit den USA nicht, während über 600 Wirtschaftslobbyisten exklusiven Zugang zu allen Dokumenten haben. Die nationalen Regierungen spielen daher oft über die Brüsseler Bande, wenn sie zu feige sind, Angriffe auf Demokratie und Sozialstaat zu verantworten.

Foto: Thilo Rückeis

Das zerstört die europäische Idee. Die Europawahlen sind längst eine Zwei-Klassen-Wahl, weil Menschen mit geringen Einkommen kaum noch wählen. Demokratie bedeutet nach einer Definition der Antike auch, dass sich die Interessen der Mehrheit durchsetzen. Demokratie ist daher der Schlüssel, um Europa den Reichen und Mächtigen zu nehmen. Die EU ist eine Vertragsgemeinschaft. Der Vertrag von Lissabon verpflichtet auf einen weitgehend ungehemmten Wettbewerb bzw. den Wettlauf um die niedrigsten Löhne, ökologische und soziale Standards. Die EU-Verträge enthalten auch ein Aufrüstungsgebot. Eine Änderung der Verträge ist jedoch nur mit Zustimmung aller 28 Mitgliedsstaaten möglich. Daher fordert Die Linke eine Neugründung der EU mit neuen Verträgen, die Volksabstimmungen unterworfen werden. Gesetzentwürfe der Linken für Volksabstimmungen zu EU-Verträgen wurden aber von den anderen Parteien im Bundestag bisher stets abgelehnt.

Nicht gegen, sondern für mehr Europäisierung

Es existiert zwar eine Europäische Bürgerinitiative (EBI). Die Hürden sind aber extrem hoch, und die EBI ist für die EU-Kommission unverbindlich. Eine Million EU-Bürger aus sieben EU-Staaten können die Kommission zu Gesetzesinitiativen auffordern. Die Kampagne „right2water" gegen Wasserprivatisierung war erfolgreich. Dies ist aber eher die Ausnahme und war in Deutschland unter anderem dem Kabarettisten Erwin Pelzig zu verdanken, der im Fernsehen für die Initiative warb. Eine EBI, die nach der exklusiven Meinung der Kommission den Verträgen widerspricht, ist unzulässig. Eine Initiative für Abrüstung in Europa wäre somit unmöglich. Die Linke will die EBI zu einem echten Instrument direkter Demokratie ausbauen.

Es fehlt auch eine europäische Öffentlichkeit. Etwa europäische Medien: Der deutsch-französische Kultursender Arte ist eine rühmliche Ausnahme. Zudem macht es einen Unterschied, ob sich ein Spanier für eine Demonstration eine Zugfahrkarte nach Madrid oder Brüssel kaufen muss. Es ist kein Zufall, dass in den Ausschüssen des Europäischen Parlaments (EP) regelmäßig mehr Lobbyisten als Abgeordnete sitzen. Die Schamgrenze sinkt unter Ausschluss der Öffentlichkeit. Daher verteidige ich auch die Rechte nationaler Parlamente.

Die Bundesregierung will etwa den Parlamentsvorbehalt des Bundestages bei Auslandseinsätzen überprüfen, um schnelle Einsätze der EU-Battlegroups zu ermöglichen. Etwa um wie Frankreich militärisch in Afrika mitzumischen. Dabei wurde die Rolle der Parlamente bei Auslandseinsätzen in Spanien und Großbritannien nach dem Irakkrieg erst gerade gestärkt. In London hat dies eine Intervention in Syrien verhindert.

Natürlich sind auch die Rechte des EP zu stärken. Es hat – abgesehen von Vertragsänderungen – kein eigenständiges Initiativrecht, um Gesetze auf den Weg zu bringen. Ich wünsche mir auch mehr europäische Zusammenarbeit, etwa in der Steuerpolitik. Ich würde es begrüßen, wenn die EU einheitliche Mindeststeuern für Konzerne und Vermögen bei breiten Bemessungsgrundlagen hätte, um den Steuertourismus zu unterbinden. Schließlich verliert Deutschland jährlich etwa 160 Milliarden Euro – einen halben Staatshaushalt – wegen Steuerhinterziehung- und -vermeidung. Für Uli Hoeneß, Deutsche Bank & Co. gilt in Europa: Wer betrügt, fliegt 1. Klasse!

DIE NEUE SPUR

Manchmal fehlt einem dazu leider der mut...

Tagesmotto 26.1.14
ooo
NEUE WEGE
ooo
''Gehe nicht, wohin der Weg führen mag, sondern dorthin, wo kein Weg ist, und hinterlasse eine Spur.'' Jean Paul Foto: unbekannt

---

Andre Heresch ich habe verstanden, dass DU gerade an so einer Weggabelung angekommen bist; ich nehme auch an: NICHT zum ersten Mal. so frage ich mich im Sinne Jean Paul´s, dann "nur": UND willst DU keine Spur hinterlassen??

DIE SUMME DER STUNDEN

"Die Summe unseres Lebens sind die Stunden, in denen wir wirklich lieben."

Un beso nada más...

Dir und weiteren P. gefällt das.

-

  [Andre Heresch](#) wahre Liebe muß einfach schön sein

-

  A.B.: Go

Ein Ruderboot auf hoher (stürmischer) See

Du hast mir die Frage gestellt, wie ich mich fühle. Ich habe geantwortet: „ wie in einem Segelboot auf stürmischer See, dem das Ruder(blatt) verlorengegangen ist"; ich hätte auch sagen können: „ich fühle mich, wie in einem Ruderboot, ohne Ruder, auf offener See". Vielleicht schlimmer, aber von der Aussage her gleich.
Dann hatte ich eine Begegnung
Nun hat Gott das Ruder übernommen. Ich bin weder Steuermann, noch Kapitän, noch irgendein Mitglied der Crew. Ich bin einfach ich: Passagier.
Wo die Reise nun hinführt, weiß ich nicht. Ich weiß nur: ich vertraue IHM, und lasse mich leiten.
Ich sitze ganz hinten im Ruderboot. ER hat das Ruder, ich sehe ihn nicht, spüre aber, dass mein Vertrauen für diese Reise wichtig ist. Ich muss und will blind vertrauen.

rein.at]
Gesendet: Donnerstag, 13. Februar 2014 09:57
An: Dipl. Ing. Anderas Heresch
Betreff: Re: Gruß aus dem Stift Rein

Guten Morgen aus dem Stift Rein!

Lieber Andreas Heresch ein schöner Text, der etwas spiegelt von Ihrer derzeitigen Befindlichkeit. Ich verstehe es wohl so.

Dabei ist mir das Bild eingefallen aus der Bibel, wo die Jünger über den See fahren und Jesus im Boot hinten schläft. Plötzlich kommt ein Fallwind auf und schaukelt das Bott gewaltig. Die Jünger haben Angst und wecken Jesus - wie kannst du schlafen, während wir beinahe untergehen? Er antwortet ihnen darauf. Ihr Kleingläubigen und befiehlt dem Sturm sich zu sänftigen ...!

So wird die Geschichte vielleicht weitergehen...

Ganz lieben Gruß aus dem kalten und sonnigen Stift Rein Ihr
Pater August

==========================
Pater Mag. August Janisch
Stift Rein
8103 REIN
03124-51621-53
august.janisch@stift-rein.at
www.stift-rein.at
==========================

-----Ursprüngliche Nachricht-----
From: Dipl. Ing. Anderas Heresch
Sent: Wednesday, February 12, 2014 8:54 PM
To: august.janisch@stift-rein.at
Subject: AW: Gruß aus dem Stift Rein

Recht herzlichen Dank, Pater August!

Ich bin zwar dem Gesichtsbuch (= facebook) dankbar dafür, Sie kennengelernt zu haben, aber: z.B.: für DIESE Geschichte ist mir DAS, umseitig beschriebene, Erlebte doch weit zu persönlich, um es in die Öffentlichkeit zu stellen.

Diese, tages-aktuelle Geschichte wurde mir quasi diktiert, bzw. ist sie mir aus dem Herzen geflossen.

Ihre Meinung dazu hätte mich interessiert.

Ganz liebe Grüße aus dem fast frühlinghaften, schönen Berlin,
Ihr: André Heresch

Und ich dachte schon, ich hätte den Herrn gesehen! Oder? War´s nun doch „nur" sein Sohn?!

So werden Sie sich nun vielleicht sagen: tja, jetzt spinnt er aber schon wirklich komplett! Mag ja sein, dass sie so denken, aber: DANN haben sie es halt einfach noch nicht erfahren, oder besser: ist es ihnen bislang doch noch nicht widerfahren. Dieses einzigartige, unbeschreibliche, übersinnliche Erlebnis: „Dem Herrgott pfeil g´rad in´s Aug´ zu(m) schau(g)n"
Es begann schon recht merkwürdig: Wir fuhren mit unserem guten Oldtimerchen gen Italien, wobei ja schon dieses Unterfangen einem kleinen Wunder gleichkam. Da traf ich Ihn das erste Mal in Gestalt einer kleinen geschnitzten Figur, die Ihn mit dem Herzen darstellte. Ein für mich insofern erfüllter, und freudiger Anblick, als man Ihn EINMAL nicht am Kreuze hängen und leiden sah, sondern einfach fröhlich lächelnd und zufrieden, die Hand am Herzen haltend. Er lächelte und schien mir fröhlich zu zu zwinckern. (man muß dazu sagen, dass er in einer bestimmten Entfernung von mir aufgestellt war, und ich keine Brille trug)
Die zweite Begegnung hatte ich mit Ihm, als ich – schon sichtlich ermattet – den Kreuzkofel nahe der „alta badia", dem Abteital, hinaufstapfte. Da sah ich mich plötzlich von den 12 Kreuzwegstationen umzingelt, die den Weg säumten. In immer schlimmeren Darstellungen wurde das Leiden Christi auf kleinen Halb-Relief-Bildern wiedergegeben.

Durch die Eigenart und Leidenschaft der Darstellungen angeregt, fotografierte ich diese kleinen Bildnisse mehrfach, ohne mir wirklich sicher zu sein, welches davon das größte Leid widerspiegelte.

Als ich mir zu Hause angekommen, die Bilder auf meiner (digital)Kamera ansehen wollte, war kein einziges zu sehen….

Und dann sah ich IHN leibhaftig vor mir. In Gestalt eines querschnittgelähmten jüngeren Mannes, der auf einer Bahre lag. Als einzige Bewegung seines Körpers entkam Ihm gerade einmal ein (un)gewolltes Zucken der Finger seiner verkrümmten Hände. Ich sah Ihn, wie er – dennoch lächelnd und guten Mutes – von Helfern gestützt, seinen Körper in´s Meer gleiten ließ, und sich auf dem Rücken „schwimmend" vom Meerwasser genüßlich umschmeicheln ließ.

Kaum war da etwas von DEM zu bemerken, der dereinst über das Wasser gegangen war. Aber sehr sehr viel war VON JENEM zu bemerken, der – dem Opferlamm gleich – alle Sünden der Menschheit auf sich geladen hatte…

Guten Abend aus dem Stift Rein!
Lieber André Heresch – ich habe die Geschichte gleich gelesen. Sie berührt mich.
Er ist mitten unter uns. ER – das ist Gott selber.
Jesus sagte "Wer mich sieht, sieht den Vater" und "was ihr einem von diesen Kleinen tut, das tut ihr mir".
Ein Text zum Nachdenken.
Ganz lieben Gruß und einen schönen Abend aus der fernen Steiermark
Ihr Pater August

PID präpartale Implantations Diagnostik, oder der umstrittene Weg, der Vorsehung in´s Handwerk zu pfuschen

Es war eine „Hart aber fair"-Diskussion, die die Gemüter erhitzte. Wieder einmal. Die Kernfrage war, ob Embryonen bereits eine Form menschlichen Lebens darstellen, über deren Sein oder Nichtsein „der Mensch" entscheiden dürfe....
…..und, ob nun der obzitierte Mensch in weiterer Folge auch über Gendefekte richten dürfe, in dem er nurmehr dem lebenswerten Leben das Recht zu Leben gewährte. Ein gedanklicher Ansatz, der – weitergedacht - bald zur Frage nach dem „Designerbaby" führen könnte: Dem bereits einmal artikulierten Wunsch einer ganzen Rasse nach dem blonden, blauäugigen, hochgewachsenen „Idealmenschen" zum Beispiel.
Eine sicher wesentliche Frage ergab sich quasi von selber: hat „Frau" ein Anrecht auf ein gesundes Kind? Darf in dieses „Grundrecht der Frau" der Staat eingreifen? Genau jener Staat, der – in begründeten Einzelfällen (wie´s sooo schön heißt) – genau der gleichen Frau gestattet, ein mißgebildetes Kind bis einen Tag vor der Geburt (!) abzutreiben….. wie auch genau jener (deutsche) Staat Abtreibungen aller Art bis zur 12. Schwangerschaftswoche straffrei gestellt hat.

Natürlich musste der Kirchenfürst, dem ja – per definitionem – Alles heilig ist, dagegen sein. Denn, so das Argument, handle es sich bereits bei den oben genannten Embryonen um menschliches Leben, über das kein Mensch verfügen, gar es töten darf, sei es nun lang, um eine ggf. lebenslängliche Katastrophe zu verhindern, oder auch nicht. Natürlich musste auch hier der Behindertenfürsprecher das Wort bergreifen, der von der wunderbaren Artenvielfalt der (menschlichen) Natur spricht, die dann verderblich schmal eingeschränkt würde und meint, dass Behinderte, die z.B.: an dem „down-Syndrom" leiden, ein deutlich größeres Sensorium hätten, und über eine wesentlich besser ausgeprägte Gefühlswelt verfügten.

Das Haus der weißen Urne(n)

Eigentlich wollte ich diese Geschichte ja „das Haus der dunklen Krüge" nennen, aber die gute, von mir sehr geschätzte und als erste Wiedergelesene, hatte diesen Titel bereits einem ihrer Bücher verliehen. Einem imposanten Werk, einem Buch, das mich, offensichtlich, sehr nachhaltig beeindruckt hat, denn: „es ist schon lange her, das freut uns umso mehr". Ein Lieblingsausspruch meiner Lieblingstante. Ich wusste bis vor kurzem nicht, dass das ein Originalzitat aus Zar und Zimmermann, der von mir erst- und mit Genuß gesehenen Oper ist, und keine freie Erfindung der guten Bertha-Tant, oh Verzeihung: Tante Berschi war, wie ich bisher immer vermutete.

Diese Geschichte handelt von meinem Elternhaus, das ich in letzter Zeit schon öfters beschrieben und von dem ich schon mehrmals berichtet habe. Das Haus wurde im Jahr 1907 von meiner Urgroßmutter, der sagenumwobenen Fürstin Jablonowsky gebaut. Sie hatte dieses Haus in der Schubertstrasse, einer der Prachtvillenstrassen von Graz, neben der so bezeichneten Plattenvilla gebaut. Die Plattenvilla, die ich immer nur von außen kannte, steht, wie der Name schon andeutet, auf der Platte, einer auch heute noch sehr schönen, grünen Gegend. Man könnte auch Grüngürtel von Graz dazu sagen. Einer Gegend, in der auch heute noch sehr Wenige, und wenn, Menschen mit Geld, wohnen. Andere, die Gaffer, ergötzen sich sonntags daran, diese Wunderdinger, die SIE sich in diesem Leben ohnedies niiiee werden leisten können, zu bekritteln. Da passt dem einen der bröckelnde Putz der mehr als hundert Jahre alten Fassade nicht. Dem anderen missfallen die langsam rostenden schmiedeeisernen Balkonumkränzungen; ein weiterer wiederum kritisiert das Gras, das langsam aus der bekiesten Einfahrt zu sprießen beginnt, oder das Moos, das aus den Ritzen des erdnahen Mauerwerks zu erkennen sich andeutet ... wie einstmals ein adeliger Schlossbesitzer dazu bemerkte: „ alles nur Neider und Gaffer" ich schließe mich seiner Meinung - Gott laß ihn selig ruhn - an.

In diesem Zustand war natürlich auch die Schubertstrasse, liebevoll von allen so genannt, obwohl damit natürlich nicht die ganze Straße, sondern nur das Haus Nr.: 72 gemeint war. Und sie war lange Zeit so, da es – wie fast immer – „nur" eine Frage des Geldes war, diese Mängel zu beheben. Und das hatten die Hausbesitzer, alter Prägung, in aller Regel nicht. Sie waren die Nachkommen der Reichen, die diese Häuser erbauten und sich mitunter ein Leben lang abquälten, das „Ererbte von den Vätern zu erwerben, um es zu besitzen" – wie der schöne Spruch doch so trefflich (?) auszusagen pflegte. Zuletzt fand ich diesen Spruch, in goldenen Lettern über dem Eingangstor eines Wirtschaftsgebäudes jenes Schlosses, in der Nähe von Ilz eingeprägt wieder, in dem ich fast zwei Jahre zu Gast sein durfte......

Aber den meisten dieser Erben muß es wohl wie Atlas gegangen sein. Jener Gestalt der griechischen Mythologie, die sich damit abquälen musste, die Erdkugel auf seinen Schultern zu tragen und darunter fürchterlich litt. Ich sehe heute noch die, aus Marmor gehauene, schmerzverzerrte Gestalt dieses Atlas in der sixtinischen Kapelle, oder sonst wo in Rom, vor mir.

So ging es natürlich auch mir. Ich hatte diese Villa, völlig überraschend und für uns unerwartet, bekommen. Da es ja, wie schon in „ *Der Sohn meiner Mutter*" erzählt, in diesem Haus heftige Streitereien unter der Verwandtschaft gab, war mir immer klar, dass dieses Haus, die bösen Phaettberg's erben würden. Jene Menschen, über die ich schon in „*Vielleicht aus einer anderen Zeit*" berichtet habe.

Das das Haus nun mir, besser uns, meinem Bruder und mir, zufiele, damit war wirklich nicht zu rechnen. Da mein Bruder immer schon in Wien lebte, hatte er kein Interesse, im Haus zu wohnen, geschweige denn, es zu erhalten oder seinen Obulus dazu beizutragen.
Im Gegenteil erwartete ER immer die Verzinsung seines eingesetzten Kapitals, die es aber in der, von ihm erwarteten, Dicke nie geben konnte. Das kulminierte dann schließlich darin, dass er mir eines schönen Tages androhte, seine Haushälfte verkaufen zu wollen. Ich wäre der erste, der es erfahren würde. Um mich also der Ehre des Erbers würdig zu erweisen, kaufte ich ihm seine Haushälfte dann bis auf ein verbleibendes Haussechstel ab. Ich wollte den Streit der Ahnen nicht prolongieren….. Das ging dann schließlich solange gut, bis er dieses verzinste Sechstel zur Unzeit – wann passt denn ein Fälligstellen(?) – einforderte.

Als Unzeit meine ich damit nicht nur meine wirtschaftlich prekäre Lage zu dieser Zeit. Nein: da hatte sich scheinbar das Schicksal dieses Hauses auf's Neue erfüllen müssen…… da wurde das Schicksal der „jungen hübschen Studentin" aus der Erzählung „ *Kann das Alles Zufall sein*" beinahe auf tragische Weise geschrieben. Genau in IHREM TRAUMHAUS erfüllte sich der Albtraum: ihr ernst gemeinter Freitodversuch missglückte…. „Kann das Alles Zufall sein" wird gerade in diesem Zusammenhang eine wohl nie zu klärende Frage bleiben…..

Doch damit nicht genug: Im gleichen Jahr noch, als Atlas die Kraft verlor, seine Weltkugel weiterzuschleppen, tauchte ein Mann in meinem Leben auf.

Ein Mann, der – wie er später behauptete - dieses Haus schon 20 Jahre zuvor kaufen wollte. Ein Mann, der – wie ich heute weiß – die Geschichte des Hauses genau kennen musste und ein, durch das Schicksal, fast Verbundener war. Ein Mann, der wenige Jahre zuvor seine Frau durch deren Freitod verlor…..

Woher ich wusste, dass er wusste….? Ganz verklärt betrachtete er - bei einer der vielen Hausbegehungen - eine, im Garten der Schubertstrasse von mir zurückgelassene, Urne. Die Urne des Fritz Rothstein, des Bruders der Fürstin, der als Mann von 18 Jahren seinem Leben ein Ende setzte.

Wie konnte DAS nur passieren; oder: ein Bericht zu einem Bericht aus Nürnberg

Es war der 8., nein eigentlich schon der 9. Dezember, nachts als ich diesen schaurig-ergreifenden Film zum inzwischen sicher schon X-ten male sah. Diesmal mit dem leichten Unterschied, wenigstens ein wenig (mehr) mitgenommen zu haben, als zuletzt.
Es ging um die Nürnberger Prozesse. Besser: den verfilmten Versuch einer Widergabe dieser, für mich noch immer nicht ganz vorstellbaren, fürchterlichen Zeit.
Die Rollen waren zum überwiegenden Teil glänzend besetzt und unheimlich authentisch gespielt. Beinahe konnte man den Eindruck gewinnen, selbst am Prozeß teilnehmen zu können oder zu müssen.

Die immer wiederkehrende Frage, die sich auch heute noch stellt, und immer noch unbeantwortbar bleibt, ist, ob denn die damaligen Täter wussten, was sie taten.
Immer und immer wieder wurde von den Meisten behauptet, nichts gewusst, oder nicht aktiv gehandelt zu haben….

In dem Teil, in dem Richter und Staatsanwälte ihren Prozeß bekommen, stellen sich gleich zwei Fragen: zum einen, ob nun der Richter, oder (sein) Henker der/die Täter war(en).

Und, ob denn ein Richter nicht immer NUR nach den (jeweils) geltenden Gesetzen – als Vollzugsorgan – zu handeln/entscheiden habe, und NICHT nach eigenem, menschlichen Ermessen.

Die dritte Frage, inwieweit auch Zuschauen im Sinne von nicht Handeln, oder agieren ein Verbrechen (gewesen) ist, wird sich wohl die ganze (damalige) Welt gefallen lassen müssen.

Die Beispiele die der Verteidiger, Maximilian Schell, anführte waren sehr gut gewählt: So hätten die Russen die Vormachtstellung Hitlers durch den berühmten Hitler-Stalin-Pakt begünstigt und hätten die Amerikaner Deutschland durch Waffen- und Kriegsmateriallieferungen erst in die Lage versetzt, das zu tun, was sie dann später getan hatten. Schließlich seien Hitlers Hasstiraden auf „Andersgläubige" öffentlich zugänglich gemacht und von der ganzen Welt – widerspruchslos und sicher nicht alternativlos – präsentiert worden.

Faktum ist, dass die (präsumtiven) Opfer von niemandem beschützt wurden. Eine Tatsache die weder die Täter, noch die Mittäter entschuldet, geschweige denn entschuldigt.

Wittgenstein´s Neffe, oder: über die wahre Inkompetenz der inkompetenten (Psychiater)

„**Die psychiatrischen Ärzte sind die tatsächlichen Teufel unserer Zeit**" – schrieb dereinst einer, der´s vermutlich – aus welchem (Hinter)grund auch immer wissen mußte; einer, der offensichtlich lebenslang darunter litt, immer wieder falsch und nie wirklich richtig behandelt worden zu sein.(Thomas Bernhard)

Dazu schreibt mein Freund: …. die sogenannten psychiatrischen Ärzte bezeichneten die Krankheit meines Bekannten einmal als diese, einmal als jene, ohne den Mut gehabt zu haben, zuzugeben, dass es für diese wie für alle anderen Krankheiten auch, keine richtige Bezeichnung gibt, sondern immer nur falsche, immer nur irreführende(re)…..;

….alle Augenblicke flüchteten sie sich in ein anderes Wissenschaftswort, mit dem einzigen Zweck, sich zu schützen und – vor weiß Gott auch immer, wem oder was – abzusichern….;

…wie alle anderen, sogenannten Ärzte – oder sollte man besser: absolut unheilbare Patienten sagen? - verschanzten sie sich hinter der lateinischen Sprache, die sie zwischen sich und den zu Behandelnden, um hier nicht mißdeutend wieder : Patienten zusagen, als einen unüberwindlichen und undurchdringlichen Wall aufrichteten.

Dies zum alleinigen Zweck, der Vertuschung ihrer Inkompetenz und der Vernebelung ihres Scharlatanismus; so schieben sie denn das Lateinische als eine Mauer zwischen sich und ihre Opfer, diese wahren Teufel unserer Zeit"

Mein Freund war niemand geringerer als Thomas Bernhard, in seinem Stück :"Wittgensteins Neffe". Also beschrieb Thomas Bernhard diesen Neffen Wittgensteins als psychiatrischen Patienten der Baumgartner Höhe schon sooo lebensecht und –nah, dass man beinah´geneigt ist, anzunehmen, er – Thomas Bernhard selbst – habe diese Mißhandlungen am eigenen Leib verspürt (?!).
Ohne damit selbstverständlich dem genialen, oder besser: genial, provokanten Autor nahe treten zu wollen, fällt doch das ein wenig Zuviel an Intimkenntnis des Genres: Psychiatrie auf.

Eines jedoch stimmt zweifellos: Sie sind verdammte Dilettanten, diese sogenannten „psychiatrischen Ärzte"! sicher die größten unter der großen Dilettantenkommune (der Ärzte) allgemein, da sie mit dem absolut geringsten Wissen, das vermutlich größte Unheil angerichtet haben und anrichten….

Man muß jetzt gar nicht nur an die unrühmliche Nazivergangenheit von „Ärzten" in diesem speziellen Sektor der damals als Medizin bezeichneten partiellen Volksvernichtung denken.

Nein: DIESE Blödheiten und Unfähigkeiten „verhelfen" auch heute noch zahllosen Geschädigten zu so bezeichneten, mitunter lebenslang anhaltenden posttraumatischen Belastungsstörungen, hervorgerufen durch die „Kunst" der Ärzte. Das Kunst hier von Können stammen sollte, kann man sich dabei durchaus verkneifen….

„In diesem fürchterlichsten aller Staaten haben sie ja (wieder) nur die Wahl zwischen schwarzen und roten Schweinen" (Thomas Bernhard: Heldenplatz)

oder: **das politische (Über)leben danach**

die Aussagen waren hart, alle waren sehr sehr hart, in diesem, wohl unvergleichlichen Bühnenstück von Thomas Bernhard. Ich habe es hier fast wörtlich zitiert. Es waren nicht die einzig harten aussagen dieses Werks. „…. was sagen Sie, werden die Roten die nächste Wahl gewinnen?

die haben doch keinen Charakter und die schwarzen sind lauter Dummköpfe …" entstammt auch der Feder des Thomas Bernhard, der für diese systemkritischen Äußerungen (oder nicht?!) sich einiges an Rügen und Vorwürfen hat gefallen lassen müssen. Aber: wie sieht es denn nun aus, fast auf den Tag genau zwanzig Jahre später? wieder in einem Gedenkjahr. Nona, wenn man da an 1938 denkt, ist´s schon wurscht, ob man das Rad der Geschichte nur 50 oder gleich siebzig, warum denn nicht auch gleich hundert Jahre zurück- oder nach vor schraubt. Was hat sich seitdem geändert in dem rot-schwarzen-Einheitsbrei, wie einer sagte und gebetsmühlenartig wiederholte, der heute auch nicht mehr lebt. Der immer und immer wieder mutig gegen genau diesen Einheitsbrei angetreten ist, die politische Landschaft verändert hat, wie alle, auch die politischen Gegner in ihren Nachrufen ganz offen bekannt haben. Einer, der mit Thomas Bernhard , vermutlich besser, nicht in einem Atemzug genannt werden sollte, der aber einer war, der die Dinge ebenso drastisch beim Namen genannt hat. Hat nun ein Schriftsteller Politik gemacht, oder ein Politiker nur(?) philosophiert und was mich noch mehr interessiert: wer übernimmt nun deren beider Rolle? Ich etwa? würden sie mir das zutrauen? mir dem ewig guten Jasager, dem angepassten Querdenker? in welcher Rolle etwa? der politischen, der schriftstellerischen, oder einfach der systemkritischen.

Irgendwie, muss ich ganz frei von der Leber weg zugeben, dass ich von beiden Persönlichkeiten, wie wohl ich nur eine und die schlecht gekannt habe, begeistert, fasziniert und irgendwie angetan bin. Sie müssen viel gemeinsam gehabt haben. Viele Nöte und Unzufriedenheiten geteilt haben, die ich in der Dicke nicht teile, wie wohl auch ich nicht nur ein Grundzufriedener, ein ewig wiederkehrend Suchender bin.

Doch politisch gesehen, hatte der eine, wie der andere recht. Jeder Staat braucht seine Querulatoren, jeder Karpfenteich seinen Hecht, jeder königliche Regent hatte seine Hofnarren, die mitunter die eigentlichen Regenten gewesen sein sollen. Wer hätte ihn, den Querulator bremsen können, wenn nicht er sich selbst? wer hätte den Professor Josef von seinen Ängsten und Nöten befreien können, wenn er es nicht selbst getan hätte? Sind das erlaubte Analoga, werden sie vielleicht fragen. Ich meine Ja. Denn wenn ich daran denke, wie sich die Wogen nun, nach seinem 20jährigen Kampf gegen rot-schwarz wieder schließen werden und das Meer, das er trockenen Fußes durchschritt, keinen Zentimeter Breite mehr freigeben wird, kann einem bei dieser Vorstellung jetzt schon schlecht werden.

Kann es sein, dass wir wieder sehr, sehr lange auf einen Erlöser warten müssen??

Wie ruhig ist das Abendlicht

Wie ruhig ist das abendlicht in einer einsamen bucht, die vor jahrtausenden dem festland entrissen wurde. Im meer auf einer yacht in einer bucht vor anker zu liegen hat etwas entspannendes, tröstendes, leeres, zur ruhe kommendes, vollkommenes. Das klassische nichts, gefüllt mit meer etwas, als man sich nur vorstellen kann. die totale oase der kraft, inmitten ihrer untätigen ruhe, ihrem bezaubernden charme. Durchtränkt von natur, pur und einzigartig. Unverholen kitschig, ansatzlos klar. Unverrückbar einschichtig, einschlägig, einfältig? ... nein!, nur einfach schön, wunderschön.

Wo bleibst du ? in dieser vollkommenheit ist genug platz für dich. Hier in diese perfektion bist du eingebunden. Aus dieser erhabenheit bist du entstanden, dieses ganze lebt in dir, durch dich.

In dieser größe, stärke und mächtigkeit bist du (leicht) zu erkennen. Aus dieser pracht steigst du empor, aus ihr bestehst du.

Einfach schön ...... vollkommen.

Leise weht der abendwind.

Ruhig ist das abendlicht; wenn du dich bemühst, kannst du es ganz ruhig plätschern hören. Wie es so tief in dir emporklimmt, sich an dir hochrankt, dich umfasst, dich umschließt, teil deiner selbst wird, dich zur gänze vereinnahmt

ESTHERS VIERZGA im VierzehnerJahr

Gesendet: Donnerstag, 13. Februar 2014 09:49
An: 'EPechmann@gmx.at'
Betreff: AW: back to Austria?

Ach, DAS find´ ich lustig…
mit Dir zu chatten
danke für Deinen (super)kompakten Lebensabriß; vielleicht magst Du mir ja noch mehr „erzählen". Ich glaube, da gibt´s noch viel, viel mehr. Richtig??

Da Du ein wesentlicher Teil meines Lebens bist, weiß ich nun nicht (wirklich), wo ich anfangen soll…
Du weißt wahrscheinlich, dass ich zu schreiben begonnen habe, oder?
Es war, glaub´ ich, im Jahre 2008, als mein erstes Buch herauskam. Inzwischen sind´s zehn. Du findest mich unter dem „Pseudonym" André Heresch bei amazon. Da ich nicht wenig erlebt habe, ist das Meiste autobiographisch; die alten Geschichten (zum Teil aus 2003 (!)) haben natürlich auch mit dieser Zeit zu tun. Dann gibt es mein Schicksalsjahr 2006, das Du ja miterlebt hast, und natürlich noch immer einen Platz in meinen „Histörchen", aber auch meinem Leben einnimmt.

Aktuell bin ich – ab und an - bei facebook, von dem mich am Allermeisten die deutsche Tagespolitik befasst, und interessiert. Natürlich hat die Seelenheilkunde, wenn man sie einmal soo nennen wollte, auch keinen unbedeutenden Platz, da wie dort eingenommen.
Kurzum: wenn Du mehr von mir wissen willst: bitte nachlesen! So ist´s auch gedacht. Ich möchte aber niemanden mit meinen

Geschichten bedrängen, oder gar überfallen...... ich glaube einfach, über einen gewissen Erfahrungsschatz zu verfügen, den ich an Interessierte gerne weitergeben möchte. Wann auch immer meine Botschaften ankommen.
Aber: keine Angst! Ich bin weder Zwangsbeglücker, noch Esoteriker, oder sonstiges. Ich glaube schon, nach wie vor, guten Bodenkontakt zu haben.

Meine Beiden sind hier gut angekommen. Romana ist in der Montessori Schule in Berlin Zehlendorf als Integrationskind sehr gut aufgenommen. (sie war ja ein echter late-talker). Claudia hat hier, nicht nur mit ihrem sozialintegrativen Studium, und guter ärztlicher Betreuung ihre neue Heimat gefunden.
Nur ich bin zum Fernpendler mutiert. Meine Kunden sind (dominant) in Österreich geblieben. So versuche ich mit guten Flugverbindungen die Distanz zu verkleinern. Die Flüge sind kurz und günstig....
Inzwischen: Liebe Grüße aus dem schönen Berlin,
Dein André

Von: EPechmann@gmx.at [mailto:EPechmann@gmx.at]
Gesendet: Donnerstag, 13. Februar 2014 08:40
An: Dipl. Ing. Andreas Heresch
Betreff:

Lieber André,
wie auch immer du dich entscheidest, da sich meine prominenten Ü-Gaste (4 an der Zahl) einer, nach dem anderen verdünnisieren, lass ich mich einfach überraschen.
Mein Geld verdiene ich auf der MedUni, in der Organisationseinheit für Forschungsinfrastruktur, der Biobank Graz, seit Dezember 2007, im Sekretariat. Arbeite zu 75% und teile mir die Aufgaben mit einer Vollzeitstelle. Wenn es dich näher interessiert http://www.medunigraz.at/biobank kannst gerne nachlesen.
(Nicht schrecken, nach meinem Geschmack etwas zu viel Text)

Meine Kids sind jetzt im Rackeralter. Jovita ist 10 Jahre und Arthur wird Ende Februar 5 Jahre jung. Jo besucht das erste Jahr im Seebacher und Arthur weilt noch im KAGes-Kindergarten, weil Stefan am Klinikum in der Nuklearmedizin als Physiker angestellt ist.
Wir vier wohnen immer noch in der Ragnitz und meine Freizeit, verbringe ich recht sportlich (Laufen, Zumba, Tanzen), Lese viel und war in den letzten Jahren etwas mehr unterwegs (Stich-un-wort: Midlifecrisis?). War in London (2012), in Barcelona (2013) und werde heuer nach Mailand entführt.
Nun genug von mir.
Was treibst du so? Dir gefällt es in Berlin? Wie geht es Romana? Freue mich von dir zu lesen
LG Esther

Gesendet: Mittwoch, 12. Februar 2014 um 21:05 Uhr
Von: "Dipl. Ing. Andreas Heresch" <office@heresch.com>
An: EPechmann@gmx.at
Betreff: AW: AW: Geburtstagseinladung

Meine liebe Esther!

Gerne melde ich mich spontan; meistens ist mein Zeitplan bei (m)einem Österreich-trip ein wenig straff gehalten, aber: wir werden´s schon schaffen.Was machst Du eigentlich beruflich? Bist Du noch beim LKH? Wie alt sind Deine Kinder inzwischen? Erzähl´ mir bitte ein bißchen was!

glG: André

Von: EPechmann@gmx.at [mailto:EPechmann@gmx.at]
Gesendet: Mittwoch, 12. Februar 2014 10:49
An: Dipl. Ing. Andreas Heresch
Betreff: Aw: AW: Geburtstagseinladung

Hallo André,

wow, das nenn ich eine hurtige Antwort. Klar denke ich ab und an dich. Sollte es dich vorzeitig nach Graz ziehen, wäre ich nicht traurig. Mein Geburtstag ist am 10. Februar und wenn du magst, meldest dich einfach spontan und wir gehen was Trinken.

LG aus Graz

Esther

Gesendet: Mittwoch, 12. Februar 2014 um 10:08 Uhr
Von: "Dipl. Ing. Andreas Heresch" <office@heresch.com>
An: EPechmann@gmx.at
Betreff: AW: Geburtstagseinladung

Hallo Esther!

Find´ ich ganz, ganz lieb von Dir, dass Du an mich denkst….
Ich bin gerade am „hadern mit meinem Schicksal", ob ich denn an diesem Wochenende, oder eines später kommen soll…
Sonst können wir ja gerne vor/nach feiern, wenn Du willst.

L.G. aus der wundervollen Stadt Berlin,

Dein André

p.s.: muß zu meiner Schande gestehen, dass ich Dein Geburtstagsdatum nicht mehr „auf dem Schirm" habe; bitte um Deine Nachhilfe

Von: EPechmann@gmx.at [mailto:EPechmann@gmx.at]
Gesendet: Mittwoch, 12. Februar 2014 09:54
An: office@heresch.com
Betreff: Geburtstagseinladung

Hallo,

würde mich auf dein Kommen freuen, falls du im Lande bist.

GLG Esther

Esther Pechmann
Ragnitzstrasse 62
8047 Graz
0699 1129 1238

epechmann@gmx.at

Ich darf Dir nicht fehlen

Ich darf dir nicht fehlen in deiner Einsamkeit, muss dich unterstützen in unserer Zweisamkeit. Sei nicht allein mit mir – komm und lass dich fangen. Genieß´ es, mit mir glücklich zu sein. Glücklich in der Ewigkeit des Augenblicks; halt deine Hand ganz fest an mir; drück mich zu dir, lass mir keine Luft, die ich nicht ohne dich atmen kann. teile alles mit mir: das blau, das grau, das nass, die Trockenheit, das Festland und das meer, das meer, das mehr. Das glück und die vollkommenheit. Das dunkle blau und das blaue grau, das wasser und die inseln – den himmel über uns. Den blauen, hellen himmel, leicht schattiert durch das weiß der wolken. Schwarz, blau, schwarz, weiß, hellblau, grau, weiß, blau, silber, schwarz, silber, weiß.
 Komm, heb ab, bleib nicht zurück! Sei schwerelos und lass die Leinen los. Komm, komm mit mit mir!

FRIEDENSNOBELPREIS ?

Gregor Gysi

DIE LINKE schlägt Edward Snowden für den Friedensnobelpreis 2014 vor. Hier der Link zur Kopie des Schreibens an das Nobelpreis-Komitee in Oslo:

Andre Heresch wir leben ja in einem freien Land, wo jeder machen kann, was er will, aber: diese Idee halt´ ich doch für tatsächlich für ver-rückt, respektive kurzsichtig!

Dr. Gregor Gysi
Mitglied des Deutschen Bundestages
Vorsitzender der Bundestagsfraktion DIE LINKE

Berlin
Dr. Gregor Gysi, MdB
Platz der Republik 1
11011 Berlin
Telefon 030 227 – 72 700
Fax   030 227 – 76 700
E-Mail   gregor.gysi@bundestag.de
         gregor.gysi@bundestag.de

Dr. Gregor Gysi, MdB · Platz der Republik 1 · 11011 Berlin

Norwegisches Nobel-Komitee

Henrik Ibsens gate 51

0255 Oslo

Norwegen

E-mail: postmaster@nobel.no

Wahlkreis
Dr. Gregor Gysi, MdB
Brückenstraße 28
12439 Berlin
Telefon (030) 6322 4357
Fax   (030) 6322 4358
E-Mail   gregor.gysi@wk.bundestag.de

Berlin, 30. Januar 2014

Nominierung für den Friedensnobelpreis 2014

Sehr geehrte Mitglieder des Norwegischen Nobelpreis-Komitees,

als Vorsitzender der Fraktion DIE LINKE. im Deutschen Bundestag schlage ich den Staatsbürger der Vereinigten Staaten von Amerika, **Herrn Edward Joseph Snowden, für den Friedensnobelpreis** vor.

Edward Snowden hat der Welt die illegale und kriminelle Praxis des US-amerikanischen Geheimdienstes NSA vor Augen geführt und dafür gebührt ihm Dank und Respekt. Whistleblowern wie ihm ist es zu verdanken, dass die Weltöffentlichkeit erstmals vom vollständigen Ausmaß der Überwachungs- und Spionagetätigkeiten des Auslandsgeheimdienstes der Vereinigten Staaten von Amerika und anderer Nachrichtendienste erfuhr, die mit der seit vielen Jahren praktizierten massenhaften und lückenlosen Auspähung von Millionen Menschen und zahlreichen Regierungen elementare Grundrechte und Internationales Recht in eklatantester Weise verletzen. Edward Snowden hat sich mit seinem Einsatz und Engagement für die weltweiten Menschenrechte verdient gemacht und dabei sein Leben größter Gefahr ausgesetzt. Auch die Bürgerinnen und Bürger der USA erfuhren durch Edward Snowden von der flächendeckenden Überwachung und wurden ermutigt sich dagegen aufzulehnen. Die

Dr. Gregor Gysi
Mitglied des Deutschen Bundestages

Verleihung des Friedensnobelpreises an Edward Snowden würde sich zudem positiv auf seine persönliche Sicherheit auswirken, wie auch seinem hohen persönlichen Einsatz Rechnung tragen.

Hochachtungsvoll

Dr. Gregor Gysi

GENOSSE DER BOSSE

T.

Tja, typisch Gerhard Schröder. Er bleibt eben der Genosse der Bosse!

[Altkanzler kritisiert Schwarz-Rot: Schröder bezeichnet Nahles-Rentenpläne als „absolut falsch"
faz.net
Ist es wohl mehr als nur Promotion für sein neues Buch „Klare Worte"? Altkanzler Gerhard Schröder kritisiert die absehbaren...](#)

- M.R. : Warum das bitte? Weil er zurecht einen dummdreisten populistischen Rentenplan sachlich und fachlich korrekt kritisiert? Schöne Worte die Gabriel und co da ablassen von Ihren armen Eltern

- die mehr gearbeitet haben als wir jemals tun werden schnieg und..

-

  [Andre Heresch](#) ich bin nun kein Schröder-fan, und will dabei auch nicht falsch verstanden werden, aber: ich fürchte, dass er damit "a la lounque" recht behalten wird....

-

© dpa Kritisiert die große Koalition: Altkanzler Gerhard Schröder (Archivbild, im März 2013 bei seinem Auftritt vor der SPD-Fraktion

Der frühere Bundeskanzler Gerhard Schröder (SPD) kritisiert mit scharfen Worten die Rentenpläne der großen Koalition. Die geplante Rente mit 63 nach 45 Beitragsjahren sei „ein absolut falsches Signal, gerade mit Blick auf unsere europäischen Partner, von denen wir ja zu Recht Strukturreformen einfordern", zitiert die „Bild"-Zeitung aus einem neuen Buch Schröders mit dem Titel „Klare Worte".

Schröder äußert dem Bericht zufolge in seinem Buch Verständnis dafür, „welchen gesellschaftlichen Gruppen man mit den Koalitionsbeschlüssen helfen will, das ändert aber nichts am zentralen Problem: Wie soll das finanziert werden?". Ihn wundere, „dass sich die Frauen nicht zu Wort gemeldet haben, denn das Ergebnis ist eindeutig: Der männliche Facharbeiter, relativ gut verdienend, wird das nutzen können, Frauen eher weniger, weil die meistens gar nicht auf die 45 Beitragsjahre kommen", zitiert die „Bild"-Zeitung weiter.

„Müssen wir bald die Beiträge erhöhen?"

Schröder verweist demnach zudem auf ein „noch schwerwiegenderes" Problem: „Die Entscheidungen kosten nicht nur einmal Milliarden, die Ausgaben kommen jedes Jahr wieder. Das führt in einigen Jahren unweigerlich zu der Frage: Müssen wir deswegen die Rentenbeiträge erhöhen?", wird aus dem Buch des Altkanzlers zitiert.

„Und dann stehen wir wieder vor Entscheidungen wie zu Zeiten der Agenda 2010. Dann wird es wieder neue, schmerzhafte Rentenreformen geben müssen, damit die Rentenbeiträge für die Arbeitnehmer und Arbeitgeber bezahlbar bleiben. Das ist so sicher wie das Amen in der Kirche", schreibt Schröder laut „Bild".

Das Bundeskabinett berät am Mittwoch über den Gesetzentwurf von Arbeitsministerin Andrea Nahles (SPD) zur Umsetzung der schwarz-roten Rentenpläne. Der Entwurf sieht die Rente mit 63 nach 45 Beitragsjahren sowie Verbesserungen für ältere Mütter und Erwerbsminderungsrentner vor. Gegen die Rente mit 63 gibt es Vorbehalte insbesondere von Arbeitgebern, aber auch von Teilen der Union.

Ein Kritikpunkt ist die Anrechnung von Zeiten des Arbeitslosengeld-Bezugs. Es wird befürchtet, dass Arbeitnehmer sich bereits mit 61 Jahren arbeitslos melden und dann nach zwei Jahren die Rente mit 63 beantragen. Die Koalition will dies will dies jedoch verhindern.

GUTE GEDANKEN

[Pfarre Bärnbach](#)

Man muss in der Wahl seiner Gedanken und Wünsche vorsichtig sein: sie ziehen Folgen nach sich. Achte darauf, dass aus deinem Gedanken Blumen werden und keine Brennessel ! Sorge dafür, dass du immer mit einem Blumenstrauß vor Gott trittst. Umgib dich nur mit guten Gedanken und Segenswünschen. Sie werden das Gute in der Welt vermehren und auf dich zurückstrahlen.

HERABSCHAUEN ?

HERMANN HESSE : STUFEN

Wie jede Blüte welkt und jede Jugend
Dem Alter weicht, blüht jede Lebensstufe,
Blüht jede Weisheit auch und jede Tugend
Zu ihrer Zeit und darf nicht ewig dauern.
Es muß das Herz bei jedem Lebensrufe
Bereit zum Abschied sein und Neubeginne,
Um sich in Tapferkeit und ohne Trauern
In andre, neue Bindungen zu geben.
Und jedem Anfang wohnt ein Zauber inne,
Der uns beschützt und der uns hilft, zu leben.

Wir sollen heiter Raum um Raum durchschreiten,
An keinem wie an einer Heimat hängen,
Der Weltgeist will nicht fesseln uns und engen,
Er will uns Stuf' um Stufe heben, weiten.
Kaum sind wir heimisch einem Lebenskreise
Und traulich eingewohnt, so droht Erschlaffen,
Nur wer bereit zu Aufbruch ist und Reise,
Mag lähmender Gewöhnung sich entraffen.

Es wird vielleicht auch noch die Todesstunde
Uns neuen Räumen jung entgegen senden,
Des Lebens Ruf an uns wird niemals enden...
Wohlan denn, Herz, nimm Abschied und gesunde!

HILFE FÜR PSYCHISCH KRANKE

Karl Pucher

Heute sind die ersten Frauen in VinziLife, der Notschlafstelle für Frauen mit psychischen Problemen, eingezogen. Sie haben mit Freude ihre wunderschön gerichteten Zimmer in "Besitz" genommen. Wir freuen uns mit ihnen und für Sie. Dank an die Frauengruppe VinziHelp unter ihrer Obfrau Mathilde Unterrieder.
Im Bild v.L.n.R. Gerda Preininger, Sissi Ruff - die beiden Hausleiterinnen - und Mathilde Unterrieder, die Obfrau, die mit großem Engagement die Einrichtung ins Leben gerufen hat und auch betreut.

- 14 P. gefällt das.

-

  C. H-B.: Alles Gute!!!

-

  Andre Heresch früher hat man zu soo etwas gesagt: "bitte vor den Vorhang!"; heute würde man vielleicht sagen: chapeau!

-
-
- A.G.: ALLES GUTE !!!
-
-
- K.S.: Ich kenne keine psychischen Probleme, denn ich habe genug zu tun. Wenn man ein Leben lang gearbeitet hat, dann kommt man nicht auf so eine Schmarotzeridee!
-
-
- W.S.: Alles Gute!
-
-
- C.S.: Alles Gute! Eine wichtige Einrichtung. Es sollte niemand vergessen, wie schnell man durch ver-

schiedene Umstände selbst in eine Notsituation kommen kann!!!

-
- [Andre Heresch](#) wohl wahr! wie wahr!!

-
- [Wolfgang Karl Pucher](#) Liebe Karoline.
Meine Schwester Sieglinde war von uns drei Geschwistern die Intelligenteste, die Fleißigste, die Tüchtigste. Sie lebte allein in Vorarlberg, und unternahm Urlaubsreisen durch ganz Europa. Sie hatte bereits Hochzeitsvorbereitungen getroffen, als sich plötzlich der Mann von ihr trennte. Sie stürzte in ein abgrundtiefes Loch aus dem sie nie mehr herauskam. Tiefe Depression Angstzustande und bald Schizophrenie. Eine Psychiatrie um die andere nahm sie auf und entließ sie wieder n i c h t geheilt, nur sediert!!! Sie lebte dann recht und schlecht in einer Wohnung nahe bei mir. Von Zeit zu Zeit mussten wir sie wieder in die Psychiatrie bringen wo man sie sogar mit Elektroschocks!!! vor denen sie panische Angst hatte, behandelte. Sie war körperlich sehr "stark" und schon deshalb oft krank. Zuletzt lag sie in der Siegmund Freud Klinik, an Händen, Füßen und Bauch niedergebunden!!! ein grauenhaftes Schicksal, bis der liebe Gott sie erlöst hat.
Danken Sie dem lieben Gott jeden Tag, dass Sie gesund sind und dass Ihnen so ein Schicksal erspart blieb!

-
-
  [Andre Heresch](#) als Angehöriger einer Betroffenen kann ich mich den Worten von Pfarrer Pucher nur vollinhaltlich anschließen, Karoline: "....Danken Sie dem lieben Gott jeden EINZELNEN Tag, ja jede Stunde dafür, dass Sie gesund sind, und Ihnen ein solches Schicksal erspart geblieben ist"!!!!

  K.S.: Karoline Scherk - Fein, dass es Menschen gibt, die von psychischen und physischen Problemen verschont bleiben! Meine waren glücklicherweise auch bislang selbst zu bewältigen und genau darum sollten Leute wie wir denen helfen, die nicht soviel Glück hatten.

- M.M.: Ob die das werden hendln können? Ich habe meine Bedenken, wünsche aber ein gutes Gelingen und Gottes Segen für diese herausfordernde Arbeit. Des is mei Extra:
-
-
  [Wolfgang Karl Pucher](#) Lieber Michael, das ist eine schwere, sehr schwere Aufgabe. Aber seit 2 Jahren versuchen unsere Mitarbeiterinnen mit diesen psychisch belasteten Frauen zusammenzuleben. Es gelingt ihnen mehr oder

weniger gut. Tatsache ist, daß fast alle bleiben und anerkennen, daß wir die e i n z i g e Ein-richtung sind, die sie ohne Medikamenten-zwang auf Dauer aushalten kann und auch behält. Es ist fast ein Wunder!

-
-
- C.S.: Vielen Dank Hr. Pucher für Ihren sehr persönlichen Bericht. Ich kenne aus meiner Arbeit die Lebensgeschichten von vielen Menschen. Immer wieder sind Menschen durch plötzliche Erkrankung (Schlaganfall....), Unfall, fortschreitende Krankheiten und psychische Krankheiten plötzlich oder schleichend auf die Hilfe durch andere angewiesen. Menschen, die bis dahin oftmals voll im Berufs- und Familienleben gestanden sind, benötigen von teilweiser Unterstützung im Alltag bis hin zur vollständigen Pflege, Hilfe. Niemand kann dankbar genug dafür sein, dass er/sie selbst oder die eigene Familie von so einem Schicksal nicht betroffen ist. Gott sei dank gibt es Einrichtungen und Menschen, die Unterstützung anbieten.

IHR KLEINGLÄUBIGEN

Von: august.janisch@stift-rein.at [mailto:august.janisch@stift-rein.at]
Gesendet: Donnerstag, 13. Februar 2014 09:57
An: Dipl. Ing. Anderas Heresch
Betreff: Re: Gruß aus dem Stift Rein

Guten Morgen aus dem Stift Rein!

Lieber Andreas Heresch ein schöner Text, der etwas spiegelt von Ihrer derzeitigen Befindlichkeit. Ich verstehe es wohl so.

Dabei ist mir **das Bild eingefallen aus der Bibel**, wo die Jünger über den See fahren und Jesus im Boot hinten schläft. Plötzlich kommt ein Fallwind auf und schaukelt das Bott gewaltig. Die Jünger haben Angst und wecken Jesus - wie kannst du schlafen, während wir beinahe untergehen? Er antwortet ihnen darauf. Ihr Kleingläubigen und befiehlt dem Sturm sich zu sänftigen ...!

So wird die Geschichte vielleicht weitergehen...

Ganz lieben Gruß aus dem kalten und sonnigen Stift Rein Ihr
Pater August

==========================
Pater Mag. August Janisch
Stift Rein
8103 REIN
03124-51621-53
august.janisch@stift-rein.at
www.stift-rein.at
==========================

Ein Ruderboot auf hoher (stürmischer) See

Du hast mir die Frage gestellt, wie ich mich fühle. Ich habe geantwortet: „ wie in einem Segelboot auf stürmischer See, dem das Ruder(blatt) verlorengegangen ist"; ich hätte auch sagen können: „ich fühle mich, wie in einem Ruderboot, ohne Ruder, auf offener See". Vielleicht schlimmer, aber von der Aussage her gleich.
Dann hatte ich eine Begegnung
Nun hat Gott das Ruder übernommen. Ich bin weder Steuermann, noch Kapitän, noch irgendein Mitglied der Crew.
Ich bin einfach ich: Passagier.
Wo die Reise nun hinführt, weiß ich nicht. Ich weiß nur: ich vertraue IHM, und lasse mich leiten.
Ich sitze ganz hinten im Ruderboot. ER hat das Ruder, ich sehe ihn nicht, spüre aber, dass mein Vertrauen für diese Reise wichtig ist. Ich muß und will blind vertrauen.

unsere Liebe muss verzeihen können

Nur sie ist DIE Kraft, die es schaffen kann, die dunklen Flecken unserer (Mit)vergangenheit auszulöschen. Einem Kraftstrahl gleich, der in´s sonst „ewig" Dunkle, LICHT bringt. Wie im Weltall die größte, vorstellbare Energie (z.B.: der Sonne) „nur" dafür verwendet wird, um Licht und Wärme in das sonst ewig Dunkle zu bringen.
Für mich war, und ist immer die Liebe DER Faktor, der mich alle Situationen überstehen lässt und ließ.
Liebe ist die Kraft, die Fehler oder Verletzungen (des Anderen) verzeihen lässt, und ungeschehen machen kann.

Dazu gab´s eine Antwort von der Adressatin:

Liebe darf und kann niemals nur ein Lippenbekenntnis sein- man muss sich in ihr jeden Tag aufs neue beweisen, dass soll heißen, man sollte täglich um seine Liebe kämpfen wollen und nicht müssen. Denn nur das Wollen ist Voraussetzung für eine wahre Liebe ohne Grenzen.
Sobald es ein „Müssen" wird ist es keine Liebe mehr sondern nur mehr die Feigheit davor sich einzugestehen, dass auch Liebe einmal enden kann. Da gibt es keine Hoffnung mehr, keine Gesprächsbasis mehr...sollte der andere einem jedoch soviel Respekt abringen, dass man ihm trotz verfallener Liebe eine glückliche Zukunft wünscht, dann muss man ihn uneingeschränkt freigeben können, ohne Hass und Missgunst und ihm auch ein Recht auf eine neue Liebe einräumen. Unsere Vergangenheit und Gegenwart gibt keine Hoffnung auf Vergebung und Vergessen...ein Schrecken mit Ende ist doch immer noch besser als das Gegenteil davon....

IRGENDWO IM NIRGENDWO

[Pfarre Bärnbach](#)

Wie konnte das geschehen? Ich hatte mich verirrt. Verlaufen im unendlichen Dickicht eines nicht enden wollenden Waldes. Bäume versperrten mir den Weg. Dornen griffen mit stacheligen Fingern nach mir. Die Dämmerung brach herein, und bald umgab mich tiefe, dunkle Nacht. Da war kein Licht mehr und kein Vogelgesang, nur das raunen der Äste, als der eisige Wind durch das Unterholz schlich. Zaghaft setzte ich einen Schritt vor den anderen, blieb wieder stehen. Drehte mich, konnte jedoch keinen Ausweg erahnen. "Ich schaffe das!", sagte ich mir. "Ich bin doch so stark!". Blind stolperte ich vorwärts. Meine Hände suchten Halt, griffen jedoch in die dunkle Leere der Nacht. Ich stieß mir an umherliegenden Baumstämmen die Beine blutig und fiel auf den nassen, kalten Boden der Tatsachen. Alleine würde ich niemals aus diesem Gehölz herausfinden. Ich begann um Hilfe zu rufen. Aber niemand antwortete mir. Waren meine Rufe zu leise? Ich schrie doch so laut ich nur konnte. Irgendwann wurde meine Stimme heiser und bald darauf konnte ich nicht mehr rufen. Also lag ich da, kraftlos, stumm und ohne Hoffnung am kalten moosigen Boden. Die Augen geschlossen, nur die Hitze meiner nicht enden wollenden Tränen, gaben mir noch ein wenig Wärme. Und als ich nichts mehr sah, und nichts mehr fühlte, war nur noch ein Wort in mir, an das ich denken konnte. "Jesus". Mehr vermochte ich nicht mehr zu tun. "Jesus!". Das war alles, was ich noch hatte. Ihn spürte ich irgendwo in meinem Nirgendwo. Sein Name kam mir zaghaft flüsternd über die Lippen. - Jesus. Dieses Wort war wie ein kleines leuchtendes

Samenkorn in meinem Herzen. Je öfter ich daran dachte, umso mehr begann es zu leuchten. Irgendwann spürte ich eine wohlige Umarmung in mir und meine Hoffnung kehrte zurück. Ich nahm meine letzten Kräfte zusammen und ließ mein Herz sprechen: "Jesus, bitte hilf mir. Hilf du mir durch diese Nacht. Alleine schaff ich es nicht!" Da spürte ich einen sanften wärmenden Lufthauch über mir, und als ich den Kopf hob, da sah ich vor mir am Ende des Waldes die Sonne aufgehen.
Kerstin Budinsky im Jänner 2014

M.N. gefällt das.

Andre Heresch wuuunderschön! am besten gefällt mir: "...IHN spürte ich irgendwo im nirgendwo..."

G.F.:...ein kleines leuchtendes Samenkorn in meinem Herzen...

Lichtbringender Teufel

Von: Lammer Christian [mailto:christian.lammer@stmk.gv.at]
Gesendet: Montag, 24. Februar 2014 09:40
An: Dipl. Ing. Andreas Heresch
Betreff: Lichtbringer und Teufel - die Synthese

Der lichtbringende Teufel - ein abwegiges Bild. Oder doch nicht?

Auf der einen Seite der Freund, der in mir den Teufel sieht. Es ist ja grundsätzlich nichts Falsches daran, dann weiß er wenigstens, er braucht mich nur zu fragen und genau das Gegenteil zu tun und er ist immer am richtigen Weg.
Auf der anderen Seite eine tolle Frau, die mich liebevoll als Lichtbringer tituliert. Aber bei genauerer Betrachtung bin ich für sie auch nur der Teufel, die Versuchung in menschlicher Gestalt. Sie wendet sich mir zu, nur um sich abzuwenden. Weil ich ihr scheinbar nicht guttue.

Ich warne alle Menschen, die mit mir zu tun haben immer vor meiner dunklen Seite. Offensichtlich kann ich mir dies sparen, denn alle Menschen erkennen sie (nur ich nicht wirklich)!

Ich bin der Teufel! Mit meinem Höllenfeuer bringe ich scheinbar Licht in euer aller Leben, aber nur, um die Versuchung heraufzubeschwören. Und dann ziehe ich meine Opfer hinab in die unendlichen Tiefen des Bösen.

Und dabei wollte ich nur lieben und geliebt werden. Ich bin ein gefallener Engel - hütet euch vor mir!

666

KOMPAKTE **GESCHICHTE**

Ich nehme an, man hat sich schon öfters gefragt, wo denn das sogenannte Judengold geblieben ist. Es handelt sich dabei um jene Vermögenswerte, unvorstellbarer Dimension, die von den Schergen „Nazideutschlands" verschleppt wurden.
Dazu gibt´s zweierlei zu bemerken: Einerseits stößt mir gerade in letzter Zeit immer wieder der Begriff: „Nazideutschland", oder die „Nationalsozialisten", oder „Nazis" - wie (auch) immer sie wollen – extrem auf.
Es ist (in diesem deutschen Lande) geradezu so, als ob man von einer fremden, längst untergegangenen, Nation aus irgendeiner geschichtlichen Vorzeit, besser Urzeit spricht. Von irgendetwas Unpersönlichem, das es vielleicht noch in Bildern, Filmen, oder Dokumentationen zu sehen gibt.
Wenn aber schon personalisiert, so bevorzugt als die ge-

stalthafte Darstellung des Bösen, wie sie sich - zum Beispiel - in den Fratzen Adolf Hitlers, Josef Göbbels, oder anderer so schön fürchterlich darstellen lässt. Dass dabei genau wieder jene Propagandafilme abgespielt werden, die schon einmal ein paar Millionen gefangener Ratten, samt noch mehrerer Millionen ihrer unschuldigen Opfer, das Leben kostete, soll dabei nur als „Detail am Rande" Erwähnung finden.
So schleicht man sich – meiner Meinung nach – noch immer, und was noch schlimmer ist : argwöhnisch um diese furchtbarsten aller Ereignisse aktiven Tuns (oder aktiven Wegschauens) in der Geschichte herum, und tritt die tatsächlich Beraubten, Mißhandelten, Gefolterten, systematisch Ermordeten, und deren, oder deren Nachfolger, Befindlichkeiten mit Füssen. Da helfen in Wahrheit weder Lippenbekenntnisse, noch Scheingesten, noch sonstige, wahrhaftige Alibiaktionen. Mögen sie nun so zahlreich erfolgen, wie es die Täternachfolgegeneration auch immer will.

Einzig gewiss ist, dass es KEINE Entschuldung, oder gar Entschuldigung geben kann. Auch können die Opfer, wie sie selber sagen, niemals vergeben, bestenfalls vergessen, wobei dies den Überlebenden schon schwer genug fallen muß. Es IST aber NICHT so! Denn, bloß ein Blick aus dem Fenster reicht, um das akkurate Gegenteil des eben Geschilderten festzustellen. Da blicke ich einem Teil dieses „Nazideutschlands" pfeilgerade, und ganz direkt in´s Auge; genau dann nämlich, wenn ich einen Mann entsprechenden Alters (Fünfundachtzigplus) sehe, wie er so ganz harmlos, wenn seine Gesundheit es ihm noch erlaubt, im Garten herumkramperlt . Da frag´ ich mich dann schon, ob das nun eine geschichtsverbrämte Fatah Morgana oder sonst etwas ist, das ich da wahrnehme…

Vielleicht tu ich ihm, gerade ihm unrecht, und er, gerade er, war einer der absoluten Ausnahmen, die weder durch aktives Tun, noch durch passives Unterlassen schuldig geworden sind. Jetzt könnte man´s ganz pragmatisch sehen, und behaupten: wäre er wirklich einer jener Widerständler, gäb´s ihn vermutlich nicht mehr…

Also wird auch er, aus vorgenannten Gründen, zu den Tätern zählen (müssen). Und genau DAS ist das „Nazideutschland", besser Deutschland, das ich meine. Letztlich eine Nation, die die Amerikaner auch heute noch nicht als Vertraute, oder gar Verbündete, und schon gar nicht als Partner akzeptieren, sondern immer noch als Kriegshetzer, Kriegsverlierer, und Täter anschauen. (vgl.: hiezu auch den jüngsten Bericht von Greg Gysi in facebook).

Eine Nation, die man nach Belieben abhören, bespitzeln, ausforschen, oder Ähnliches darf. Das ganz einfach deswegen, da man diesem Volk, das immerhin zwei Weltkriege vom Zaun gebrochen hat, in der Absicht, die Weltherrschaft anzutreten, nicht trauen darf. Niemals meine ich. Vor denen muss man Angst haben, meine ich, und glaube, DAMIT nicht ganz allein auf der Welt zu sein….

Fragen sie doch einmal die, denen ihr Gold geraubt wurde. Die haben auch ihren Helfershelfern den Kampf angesagt. Jenen Eidgenossen nämlich, die in der Aufarbeitung ihrer schändlichen Rolle im letzten Weltkrieg, offen zugeben, „dem Hitler" „seinen" Krieg finanziert zu haben.

Ich meine, sie haben auch, über die vielen Jahrzehnte hinweg, dafür gesorgt, dass jener unendliche Schatz, der so viele, Abermillionen Menschen letztendlich das Leben gekostet hat, „gut versteckt" geblieben ist. Anonym sind sie bis vor nicht allzu langer Zeit geblieben, ebenso wie ihre Konten ebenso anonym und unzugänglich blieben.

Bis vor kurzem, wie gesagt. Denn nun scheinen sich genau diese, vom „Schicksal" geschundenen Menschen zumindest einmal ihr geraubtes Gold zurück zu holen.

Ein guter, ein richtiger Beginn, einer schon längst fälligen Wiedergutmachung, wenn man denn davon – zumindest einmal aus pekuniärer Sicht - reden wollte.

MENSCHENFISCHER

[Janisch](#)

Ich freue mich auf die Diakonenweihe am kommenden Sonntag um 15 Uhr. Pater Raphael Fuhrmann wird von Bischof Dr. Egon Kapellari zum Diakon geweiht.

-

A.H: Ein lebendiges Zeichen. Junger Mensch tritt in den Ring des Lebenskampfes. Kein leichter Beruf im Kirchensturm und Religionsgewitter!

-

  [Andre Heresch](#) strahlt irgendwie Kraft aus! fast einer Erscheinung gleich...

-

  C.B.: Gratuliere und viel Freude!

  J.R.: Gott sei Dank, wieder ein <mark>Menschenfischer</mark>. Der Herr gebe ihm die Kraft.

-

  S.W.: ich bezweifle, dass es noch einen anderen Diakon gibt, von dem so ein tolles Foto existiert

-

  H.R.: Gratuliere und viel Kraft!

-

  R.A.: Freue mich mit Euch!

-

Von: august.janisch@stift-rein.at [mailto:august.janisch@stift-rein.at]
Gesendet: Dienstag, 25. Februar 2014 19:15
An: Dipl. Ing. Andreas Heresch
Betreff: Re: guten abend

Guten Abend aus dem Stift Rein!

Lieber André Heresch – ich habe die Geschichte gleich gelesen. Sie berührt mich.

Er ist mitten unter uns.
ER – das ist Gott selber.
Jesus sagte "Wer mich sieht, sieht den Vater" und "was ihr einem von diesen Kleinen tut, das tut ihr mir".
Ein Text zum Nachdenken.

Ganz lieben Gruß und einen schönen Abend aus der fernen Steiermark
Ihr Pater August
================================
Pater Mag. August Janisch
Stift Rein
8103 REIN
03124-51621-53
august.janisch@stift-rein.at
www.stift-rein.at
================================

From: Dipl. Ing. Andreas Heresch
Sent: Tuesday, February 25, 2014 6:56 PM
To: august.janisch@stift-rein.at
Subject: guten abend

Guten Abend, Pater August!

Ohne sie über Gebühr in Anspruch nehmen zu wollen, möchte ich ihnen heute eine etwas ältere Geschichte schicken, und würde mich über ihren Kommentar dazu freuen. Mit lieben grüßen aus dem noch immer frühlingshaften Berlin, herzlichst Ihr: André Heresch

Und ich dachte schon, ich hätte den Herrn gesehen!
Oder? War´s nun doch „nur" sein Sohn?!

So werden Sie sich nun vielleicht sagen: tja, jetzt spinnt er aber schon wirklich komplett!
Mag ja sein, dass sie so denken, aber: DANN haben sie es halt einfach noch nicht erfahren, oder besser: ist es ihnen bislang doch noch nicht widerfahren. Dieses einzigartige, unbeschreibliche, übersinnliche Erlebnis: „Dem Herrgott pfeil g´rad in´s Aug´ zu(m) schau(g)n"

Es begann schon recht merkwürdig: Wir fuhren mit unserem guten Oldtimerchen gen Italien, wobei ja schon dieses Unterfangen einem kleinen Wunder gleichkam. Da traf ich Ihn das erste Mal in Gestalt einer kleinen geschnitzten Figur, die Ihn mit dem Herzen darstellte. Ein für mich insofern erfüllter, und freudiger Anblick, als man Ihn EINMAL nicht am Kreuze hängen und leiden sah, sondern einfach fröhlich lächelnd und zufrieden, die Hand am Herzen haltend. Er lächelte und schien mir fröhlich zu zu zwinckern. (man muß dazu sagen, dass er in einer bestimmten Entfernung von mir aufgestellt war, und ich keine Brille trug)

Die zweite Begegnung hatte ich mit Ihm, als ich – schon sichtlich ermattet – den Kreuzkofel nahe der „alta badia", dem Abteital, hinaufstapfte. Da sah ich mich plötzlich von den 12 Kreuzwegstationen umzingelt, die den Weg säumten. In immer schlimmeren Darstellungen wurde das Leiden Christi auf kleinen Halb-Relief-Bildern wiedergegeben. Durch die Eigenart und Leidenschaft der Darstellungen angeregt, fotografierte ich diese kleinen Bildnisse mehrfach, ohne mir wirklich sicher zu sein, welches davon das größte Leid widerspiegelte.

Als ich mir zu Hause angekommen, die Bilder auf meiner (digital)Kamera ansehen wollte, war kein einziges zu sehen....

Und dann sah ich IHN leibhaftig vor mir. In Gestalt eines querschnittgelähmten jüngeren Mannes, der auf einer Bahre lag. Als einzige Bewegung seines Körpers entkam Ihm gerade einmal ein (un)gewolltes Zucken der Finger seiner verkrümmten Hände. Ich sah Ihn, wie er – dennoch lächelnd und guten Mutes – von Helfern gestützt, seinen Körper in's Meer gleiten ließ, und sich auf dem Rücken „schwimmend" vom Meerwasser genüßlich umschmeicheln ließ.

Kaum war da etwas von DEM zu bemerken, der dereinst über das Wasser gegangen war. Aber sehr sehr viel war VON JENEM zu bemerken, der – dem Opferlamm gleich – alle Sünden der Menschheit auf sich geladen hatte…

Teufel ganz ohne Licht und Zukunft

Von: Lammer Christian [mailto:christian.lammer@stmk.gv.at]
Gesendet: Dienstag, 25. Februar 2014 09:58
An: Dipl. Ing. Andreas Heresch
Betreff: AW: Lichtbringer und Teufel - die Synthese

Die Versuchung strahlt zuckersüß! Ist es nicht ein wunderbar warmes Licht; es lädt ein, es anzunehmen. Dich wohlzufühlen. Dich ihm ganz hinzugeben. Wie ein wärmender Sonnenstrahl im Frühling. Sanft neckt er Deine Nasenspitze…

Lass Dich von ihm verführen….

Komm, Andre, nimm es, berühr es, lass Dich von ihm verzaubern…
Und keine Sekunde später wirst Du in meiner Hölle schmoren!
Und den ersten Spieß kriegst Du in den Arsch!

Ohne Spucke!

Von: Dipl. Ing. Andreas Heresch [mailto:office@heresch.com]

Teufel, bleibt Teufel!
Wo soll DA das Licht sein??

Von: Lammer Christian [mailto:christian.lammer@stmk.gv.at]
Gesendet: Montag, 24. Februar 2014 09:40

Der lichtbringende Teufel - ein abwegiges Bild. Oder doch nicht?

Auf der einen Seite der Freund, der in mir den Teufel sieht. Es ist ja grundsätzlich nichts Falsches daran, dann weiß er wenigstens, er braucht mich nur zu fragen und genau das Gegenteil zu tun und er ist immer am richtigen Weg.
Auf der anderen Seite eine tolle Frau, die mich liebevoll als Lichtbringer tituliert. Aber bei genauerer Betrachtung bin ich für sie auch nur der Teufel, die Versuchung in menschlicher Gestalt. Sie wendet sich mir zu, nur um sich abzuwenden. Weil ich ihr scheinbar nicht guttue.

Ich warne alle Menschen, die mit mir zu tun haben immer vor meiner dunklen Seite. Offensichtlich kann ich mir dies sparen, denn alle Menschen erkennen sie (nur ich nicht wirklich)!

Ich bin der Teufel! Mit meinem Höllenfeuer bringe ich scheinbar Licht in euer aller Leben, aber nur, um die Versuchung heraufzubeschwören. Und dann ziehe ich meine Opfer hinab in die unendlichen Tiefen des Bösen.

Und dabei wollte ich nur lieben und geliebt werden. Ich bin ein gefallener Engel - hütet euch vor mir!

666

-----Ursprüngliche Nachricht-----

An: Lammer Christian

Freut mich diebisch, Dir, kleiner Teufel, mitteilen zu können, dass DU Unrecht hattest!

Von meinem iPhone gesendet

STIFT REIN IM WINTERKLEID

JanischStift Rein

Heute schaut Stift Rein mit Schnee so aus.

- M.J.S. : Schööööön!

- Andre Heresch das Winterkleid steht dem Stift sehr!

TAUFSPIRALE IN DER KIRCHE BÄRNBACH

-  [Andre Heresch](#) sagenhaft! unendlich kraftvolle Erscheinung!

- [Pfarre Bärnbach](#) Wir glauben oft, der Himmel ist so fern! Die Wahrheit ist, er ist jeden Augenblick bei uns, und offenbart sich in seinen schönsten Farben...

Da berühren sich Himmel und Erde... Taufspiralle mit Taufbecken

SHE

She
May be the face I can't forget
The trace of pleasure or regret
May be my treasure or the price I have to pay
She
May be the song that summer sings
May be the chill that autumn brings
May be a hundred different things
Within the measure of a day

She
May be the beauty or the beast
May be the famine or the feast
May turn each day into a heaven or a hell
She may be the mirror of my dreams
The smile reflected in a stream
She may not be what she may seem
Inside her shell

She
Who always seems so happy in a crowd
Whose eyes can be so private and so proud
No one's allowed to see them when they cry
She
May be the love that cannot hope to last
May come to me from shadows of the past
That I'll remember till the day I die

She
May be the reason I survive
The why and wherefore I'm alive
The one I'll care for through the rough in ready years
Me
I'll take her laughter and her tears
And make them all my souvenirs
For where she goes I've got to be
The meaning of my life is

She
She, oh she

NICHT DIE NÄGEL WAREN ES, DIE IHN HIELTEN

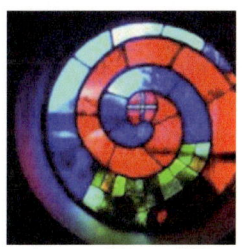

*Philemon und Baucis

Auf einem Hügel im Lande Phrygien steht eine tausendjährige Eiche und dicht neben ihr eine Linde von gleichem Alter, beide von einer niedrigen Mauer umgeben. Mancher Kranz ist an den Ästen des nachbarlichen Paares aufgehängt. Nicht weit davon breitet ein sumpfiger See seine seichten Fluten aus; wo früher bewohntes Land war, da flattern jetzt nur Taucher und Fischreiher umher. Einst kam in diese Gegend Vater Zeus mit seinem Sohne Hermes, der nur den Stab, nicht aber den Flügelhut trug. In menschlicher Gestalt wollten sie die Gastlichkeit der Menschen versuchen; darum klopften sie an tausend Türen, um ein Obdach für die Nacht bittend. Aber hart und selbstsüchtig war der Sinn der Bewohner, so daß die Himmlischen nirgends Einlaß fanden.

Siehe, da stand eine arme Hütte am Ende des Dorfes, niedrig und klein nur, mit Stroh und Sumpfrohr gedeckt; aber im ärmlichen Hause wohnte ein glückliches Paar, der biedere Philemon und Baucis, sein gleichaltriges Weib. Dort hatten sie zusammen die frohe Jugend durchlebt, dort waren sie zu weißhaarigen Alten geworden. Sie machten keinen Hehl aus ihrer Armut, aber leicht ertrugen sie ihr dürftiges Los, heiter und freundlich, in herzlicher Liebe, wenn auch kinderlos, schalteten sie in dem niedrigen Häuschen, das sie allein miteinander bewohnten.

Als nun die hohen Gestalten der beiden Götter diesem ärmlichen Dache sich nahten und die niedere Pforte mit gebücktem Haupte durchschritten, kam ihnen das wackere Paar mit herzlichem Gruße entgegen, der Greis stellte die Sessel zurecht, die Baucis mit grobem Gewebe bedeckte, und bat die Gäste, sich auszuruhen. Das Mütterchen eilte geschäftig zum Herde, stöberte in der lauen Asche nach einem glimmenden Funken, häufte trockenes Holz und Reisig und blies aus dem Qualm mit schwachem Atem die Flamme an. Drauf trug sie gespaltenes Holz herzu und schob es unter den kleinen Kessel, der über dem Feuer hing. Unterdessen hatte Philemon Kohl aus dem wohlbewässerten Gärtchen geholt, den die Alte eifrig entblätterte, dann hob er mit der zweizinkigen Gabel einen geräucherten Schweinsrücken von der rußigen Decke des Gemaches (lange hatten sie ihn zu festlicher Gelegenheit aufgespart) und schnitt ein mäßiges Stück von der Schulter, um es ins siedende Wasser zu werfen. Damit nun aber den Fremdlingen die Weile nicht lang werde, bemühten sie sich, die beiden durch harmloses Gespräch zu unterhalten. Auch gossen sie Wasser in die hölzerne Wanne, daß jene am Fußbad sich erquickten.

Freundlich lächelnd nahmen die Götter das liebreich Gebotene an, und während sie die Füße behaglich ins Wasser streckten, richteten die guten Wirte das Ruhebett. Dieses stand inmitten der Stube, mit Teichschilf waren die Polster gestopft, aus Weidengeflecht bestanden die Füße und das Gestell; aber Philemon brachte Teppiche geschleppt, die sonst nur an festlichen Tagen hervorgeholt wurden — ach, auch sie waren alt und schlecht, und dennoch legten die göttlichen Gäste sich gern darauf, um nun das fertige Mahl zu genießen. Denn jetzt stellte das Mütterchen, geschürzt und mit zitternden Händen, den dreibeinigen Tisch vor das Lager, und da er nicht geradestehen wollte, schob sie unter den zu kurzen Fuß eine Scherbe; darauf rieb sie die Platte mit frischer Krauseminze und trug die Speisen auf. Da waren Oliven, herbstliche Kornelkirschen, eingemacht in klarem, dicklichem Safte, auch Rettich, Endivien und vorzüglicher Käse und Eier, in warmer Asche gekocht. Alles das brachte Baucis auf irdenem Geschirr, und dabei prangte der bunte tönerne Mischkrug und daneben der zierliche Becher aus Buchenholz, innen mit gelbem Wachs geglättet. Weder von hohem Alter noch gar zu süß war der Wein, den der redliche Wirt einschenkte. Jetzt aber sandte der Herd die warmen Gerichte, nun wurden die Becher zur Seite geschoben, damit es an Platz nicht mangle für den Nachtisch. Nüsse, Feigen und runzlige Datteln wurden herbeigetragen, auch zwei Körbchen mit Pflaumen und duftenden Äpfeln; selbst Trauben vom purpurnen Weinstock fehlten nicht, und in der Mitte der Tafel prangte eine weißlichen Honigscheibe. Die schönste Würze des Mahles aber waren die guten, freundlichen Gesichter der wackeren Alten, aus denen Freigebigkeit und treuherziger Sinn sprachen.

Während nun alle an Speise und Trank sich labten, bemerkte Philemon, daß der Mischkrug, trotz der immer von neuem gefüllten Becher sich nicht leeren wollte, und stets der Wein wieder bis zum Rande emporwuchs. Da erkannte er mit Staunen und Furcht, wen er beherbergte; ängstlich flehte er samt seiner greisen Genossin mit emporgehobenen Armen und demütig gesenkten Augen, daß sie gnädig auf das dürftige Mahl schauten und ob der schlechten Bewirtung nicht zürnten! Ach, was sollen sie nur den himmlischen Gästen bieten? Richtig, da fällt ihnen ein: draußen im Ställchen ist ja die einzige Gans, die wollen sie sogleich opfern. Beide eilen hinaus, aber die Gans ist schneller als sie; mit Geschrei und flatternden Flügeln entwischt sie den keuchenden Alten und lockt sie bald hier-, bald dorthin. Zuletzt gar rannte sie ins Haus hinein und verkroch sich hinter den Gästen, als ob sie die Unsterblichen um Schutz anflehte. Und er ward ihr gewährt; die Gäste wehrten dem Eifer der beiden Alten und sprachen mildlächelnden Mundes also: „Wir sind Götter! Der Menschen Gastlichkeit zu erforschen, stiegen wir nieder zur Erde. Eure Nachbarn fanden wir ruchlos, und sie sollen der Strafe nicht entrinnen. Ihr aber verlaßt dieses Haus und folget uns hinauf auf die Höhe des Berges, damit ihr nicht unschuldig mit den Schuldigen leidet."

Die beiden gehorchten; auf Stäbe gestützt, strebten sie mühsam den steilen Berg hinan. Noch einen Pfeilschuß waren sie vom höchsten Gipfel entfernt, da wandten sie ängstlich den Blick und sahen die ganze Flur in einen wogenden See verwandelt, nur einzig ihr Häuschen war von allen Gebäuden noch übrig. Während sie noch staunten und das Schicksal der andern beweinten, siehe, da ward die alte ärmliche Hütte zum ragenden Tempel; von Säulen getragen schimmerte das goldene Dach, Marmor deckte den Boden.

Und jetzt wandte sich Zeus mit gütigem Antlitz zu den zitternden Alten und sprach: „Saget mir, du redlicher Greis, und du, des Redlichen würdige Gattin, was wünscht ihr euch?" Nur wenige Worte wechselte Philemon mit seinem Weibe, dann sprach er: „Eure Priester möchten wir sein! Vergönnt uns, jenen Tempel zu hüten. Und weil wir so lange in Eintracht miteinander gelebt haben, o so lasset uns beide in einer Stunde dahinsterben; dann schau ich niemals das Grab des lieben Weibes, noch muß ich jene bestatten."

Ihr Wunsch ward erfüllt. Sie hüteten beide den Tempel, solange ihnen das Leben gegönnt ward. Und als sie einst, von Alter und Jahren aufgelöst, zusammen vor den heiligen Stufen standen, des wundervollen Geschickes gedenkend, da sah Baucis ihnen Philemon und Philemon seine Baucis in grünem Laube verschwinden, schon wuchsen um beider Antlitz schattige Wipfel in die Höhe. „Leb wohl, du Trauter! Leb wohl, du Liebe!" so sprachen sie beide wechselnd, solange sie noch zu reden vermochten. So endigte das ehrwürdige Paar, er ward zur Eiche, sie zur Linde, und noch im Tode stehen sie traulich beisammen, wie sie im Leben unzertrennlich waren. Fromme sind den Göttern wert; Ehre wird denen zuteil, die Ehre erweisen.